낙도행전

낙도행전

글·그림 | 박정욱
초판 발행 | 2024. 7. 23
등록번호 | 제1988-000080호
등록된 곳 | 서울특별시 용산구 서빙고로65길 38
발행처 | 사단법인 두란노서원
영업부 | 2078-3333 FAX | 080-749-3705
출판부 | 2078-3331

책값은 뒤표지에 있습니다.
ISBN 978-89-531-4870-3 03230

독자의 의견을 기다립니다.
tpress@duranno.com www.duranno.com

두란노서원은 바울 사도가 3차 전도여행 때 에베소에서 성령 받은 제자들을 따로 세워 하나님의 말씀으로 양육하던 장소입니다. 사도행전 19장 8-20절의 정신에 따라 첫째 목회자를 돕는 사역과 평신도를 훈련시키는 사역, 둘째 세계선교(TIM)와 문서선교(단행본잡지) 사역, 셋째 예수문화 및 경배와 찬양 사역, 그리고 가정상담 사역 등을 감당하고 있습니다. 1980년 12월 22일에 창립된 두란노서원은 주님 오실 때까지 이 사역들을 계속할 것입니다.

무의촌 섬을 향한
하나님의 마음

낙도행전

글·그림 박정욱

두란노

목차

3 삶을 예배로

4 다시 길을 여시다

원장님을 알 게 된 것은 허리 통증을 통해서였으나, 사명을 살아가는 그의 삶은 깊은 친밀감을 선물했다. 소위 말하는 '삘짓'을, 그것도 가끔이 아닌 매주 성실로 살아 낸 삶의 고백이 책이 되었다. 섬에도 부익부 빈익빈은 여지없이 드러난다. 그는 가장 열악한 섬을 찾아간다. 복음의 사람들이 그랬던 것처럼 말이다. 읽어 갈수록 거룩한 부담과 뜨거움이 가슴을 적신다.

강은도 목사 더푸른교회 담임

누군가 나서면 더 나은 삶을 살아 낼 수 있는 이들이 있다. 저자는 낙도 무의촌 어르신들을 위해 기꺼이 나서는 삶을 선택했다. 나는 저자가 그들을 위해 나서는 삶을 처음부터 곁에서 지켜봐 왔다. 자신이 가진 의술로 몸의 약함을 가진 이들에게 도움을 주고자 어려운 길을 기꺼이 나서는 삶이다. 타자를 위해 나서는 시간의 기록들이 세상 밖으로 나오기를 무척이나 바라던 바였다. 드디어 세상에 나온 그 시간의 기록들은 '이 시대에 타자를 위해 어떻게 나서야 하는가?' 하며 지금도 누군가를 위해 나서는 삶을 바라는 이들에게 귀중한 재료가 될 것이다. 이 책을 통해 개인화되어 가는 흐름 속에서 타자를 향해 기꺼이 나서는 삶의 도전과 확장이 일어났으면 하는 마음이 간절하다.

강현철 목사 광주동부교회 담임

인생에서 찾아오는 갑작스러운 고통은 때때로 마음에 깊은 상처와 쓴 뿌리를 남기곤 합니다. 그러나 이러한 고통을 겪고도 그것을 다른 사람의 상처를 치유하는 아름다운 도구로 사용하는 사람이 있습니다. 박정욱 원장님의 《낙도행전》은 바로 그런 이야기입니다. 우리는 박정욱 원장님의 여정을 통해 아픔이 그리스도의 사랑으로 승화되어 상처받은 몸과 마음을 위로하고 생명을 일으키는 놀라운 기적을 경험하게 됩니다.

책을 읽으며 독자들은 한국의 작은 섬마을들에서 일하시는 하나님의 사랑 이야기로 초대됩니다. 그리고 이 초대는 우리가 서 있는 곳에서 찾아가야 할 사람들을 향해 눈을 열어 줍니다. 《낙도행전》은 사랑이라는 이름 아래 고통이 끝이 아니라 어떻게 새로운 시작이 될 수 있는지를 보여 줍니다.

윤상혁 교수 평양의학대학 재활[회복기]의학과, 《사랑으로 길을 내다》 저자

비수술 재활을 강조하는 명의이자 재치 있는 화가인 저자는 젊은 시절 죽음의 문턱에서 새 삶을 주신 하나님의 은혜를 그리스도인 의사의 사명으로 기억하며 하나님을 섬기듯 작은 자를 즐겁게 섬기는 분이다. 특히 이름 없이 작은 교회를 섬기는 목회자들을 존중하며 함께 일하는 분이다. 저자는 우리 시대의 땅끝, 보건소도 상업 시설도 거의 없는 소외된 낙도를 주님의 마음으로 품고 조용히 그러나 변함없이 성심을 다해 섬기면서 누리고 받은 지난 5년간의 여정과 감동들을 책으로 엮었다. 금일도, 비견도, 고마도, 백일도를 비롯한 작은 섬들의 소중한 이야기들, 한 지역에 대한 깊은 이해와 충실함을 바탕으로 준비된 효과적이며 지속적인 봉사와 전도의 전략들 그리고 함께하신 하나님의 은혜의 손길들은 읽는 모두에게 큰 도전과 감동이 될 것이다.

이상복 목사 광주동명교회 담임

나는 이 책을 통하여 십자가의 사랑을 삶으로 살아 내는 진정한 전문인 선교사를 만났다. 주님이 먼저 가신 사명의 길, 가는 길이 험하고 협착하여 가는 이가 심히 적은 좁은 길, 그 길을 사랑과 헌신으로 오랜 시간 묵묵히 순종하며 가는 사람을 주님께서 얼마나 기뻐하실까? 이 책을 통하여 그리스도의 심장이 뛰는 사명자들이 구름 떼같이 일어나 축복된 사명의 길을 함께 갈 수 있기를 기도하며 기대한다.

이은상 선교사 《너 뭐 하다 왔니》의 저자

하나님의 인도하심으로 박 원장님을 만나 함께 섬 이야기를 나누던 중에 매월 한 번씩 무의촌 섬을 방문하여 환자들을 섬기기로 했습니다. 그리고 그 약속대로 첫 사역이 2019년 10월 24일에 시작되었습니다. 그때부터 지금까지

수년 동안 이 사역이 이어졌습니다. 사실 섬 의료 선교에는 많은 제약과 염려(상당히 먼 거리, 여객선 횟수에 따른 숙박, 풍랑주의보로 인한 발 묶임)가 따르는데, 모든 것을 무릅쓰고 이 사역에 정진해 주셨습니다. 이로 인해 그리스도의 사랑이 많은 섬에 전달되었고, 각 섬의 목회자가 섬 어르신들을 더 깊이 아는 계기가 되어 심방의 건수와 복음을 전할 수 있는 연결 고리가 자연스럽게 생겼습니다. 아울러 교회와 마을 간의 간격도 좁혀지고, 섬 목회자의 존재감도 높아지는 귀한 사역이 되었습니다. 이 모든 과정을 다 담을 수는 없지만, 함께 나눌 수 있는 믿음의 여정을 《낙도행전》이 담고 있기에 여러분에게 감히 이 책을 추천합니다. **이정환 목사** 낙도 순회선교사

알지 못하는 사람에게 손을 내미는 것이 얼마나 어려운 일인지 해 보지 않은 사람은 모른다. 일단 연결되고 나면 끊기가 어렵다. 그래서 보통 사람들은 아예 관계조차 맺는 것을 꺼리게 마련이다. 더군다나 그것이 얻는 것이 아니라 나누는 것이라면 더욱 그렇다. 그래서 선뜻 시작하기도 어렵고, 선한 뜻으로 시작한다고 해도 지속하기가 쉽지 않고, 순간순간 부딪히는 상황에서 오는 어려운 마음 때문에 슬그머니 그만두게 될 때도 많다. 박정욱 원장님이 '낙도행전'을 시작할 때 솔직히 걱정하는 마음이 있었다. 박 원장님의 선한 마음이 혹여 상처라도 입게 될까 하는 염려가 있었기 때문이다. 그러나 기우(杞憂)였다. 몇 년이 지났지만 낙도로 향하는 박 원장님의 마음은 변함이 없다. 그리고 지금도 '낙도행전'을 써 내려가고 있다. 이기(利己)와 탐욕이 판치는 이 시대에 예수님께서 말씀하신 작은 자를 섬기는 일을 실천하고 있는 박 원장님의 이야기가 예수님을 믿는 사람들뿐 아니라 믿지 않는 사람들의 마음에도 큰 감동을 일으킬 것을 확신하며, 계속해서 쓰일 박 원장님의 '낙도행전'을 응원한다. **이진 목사** 익산 북일교회 담임

나의 어깨 주치의인 박 원장님이 저술한 이 책에 '삶을 예배로'라는 챕터가 있다. 이 챕터를 읽어 내려가며 저자가 품은 복음에 대한 이해를 가득 느낄 수 있었다. 가시적이고 단기적인 선교의 열매에 함몰되지 않는 의료 선교에 대

한 그의 원칙과 가치를 나는 존경한다. 우리는 반드시 구세주 예수가 허름한 마구간의 말구유에서 태어나시기를 선택한 것을 기억하고 묵상해야만 한다. 또한 이 시대의 선교를 살아 내면서 '예루살렘과 유대'에 해당하는 서울과 수도권에 갇힌 생각을 벗어나야 한다. 또한 '땅끝'이라는 해외 선교조차도 균형감을 가지고 걸어가야 한다. 이 책을 통해 같은 국토에 발을 딛고 살아가지만 소외된 곳, 오늘날 대한민국의 '사마리아'인 섬 주민들을 향한 하나님의 한결같고 거룩한 긍휼의 마음을 발견하기를 바란다.

최선규 아나운서 CTS 〈내가 매일 기쁘게〉 前 진행자

풍요로움 속에 여전한 목마름이 갈라진 틈 사이에 깃들어 삶을 허기지게 하지만, 외딴 섬에서 행한 한 의사의 한결같은 섬김이 도리어 육지에 닿아 영혼의 샘터를 만들어 줍니다. 바로 이 사람이 의사, 박정욱 집사입니다. 의사와 환자로 만나 친구가 된 지 벌써 4년이 훌쩍 넘었습니다. 100인의 명의 중 한 사람으로 제가 만난 사람 중에 가장 의사다운 의사입니다. 열정이 있고, 사랑이 있고, 환자를 향한 애잔함이 지금의 의사 박정욱을 만들었다고 생각합니다. 사람의 눈이 닿지 않는 곳에서 묵묵히 섬기는 그의 삶이 저를 들여다보게 합니다. 그래서 그는 저에게 선물과 같은 사람입니다. 어느 시인의 말처럼, '머나먼 토성 고리에 매달린 꿈'을 잡아내려 더 많은 꿈을 사람들에게 나누어 주는 의사가 되기를 바랍니다. 박정욱 집사 자신의 일부가 된 낙도 선교 이야기가 독자들에게 하나님의 은혜의 여운을 느끼게 하는 책이 되리라 확신합니다.

최철규 만화가 《만화로 읽는 천로역정》 저자

왜 낙도인가

나는 재활의학과 의사로서 선교사님들이 세운 병원에서 전문의로 교육을 받았고, 대학병원 교수로 재직하다가 뜻이 있어 현재는 재활 전문 클리닉을 운영하고 있다. 내 인생에 주어진 큰 축복이 여러 가지가 있지만, 그중에서도 정말 감사한 것은 바로 훌륭한 믿음을 가진 많은 스승과 선배를 통해 신앙과 의술을 보고 배울 수 있었다는 점이다. 또한 전공의 시절부터 시작해서 전문의가 되고 난 이후에도 해외의 여러 재난 현장을 찾아가 의료의 손길을 보태며 그곳에 참여한 다국적 의료 봉사 단체와의 협력을 직접 경험하기도 했다. 또한 소속 교회나 선교 단체의 의료 팀 일원이 되어 국내외 단기 의료 봉사에 참여했고, 국내 미자립 교회를 섬기는 등 다양한 형태의 의료 선교를 경험할 수 있었다.

나는 여러 번의 단기 선교에 참여하면서 더 바람직한 단기 선교의 모습은 어떠해야 하는지를 하나하나 고민해 가기 시작했다. 고민 끝에 내린 결론은 이것이다. 첫째는, 많은 인력과 비용을 들여 방문하기 전에 리서치를 통해 충실한 마스터플랜을 가지고 선교지로 향해야 한다는 것이다. 둘째는, 선교지 선정은 사람의 인맥이나 판단이 아니라 꼭 방문이 필요한 곳을 주의 부르심 가운데 결정하는 것이 중요하다는 것이다. 셋째는, 지속적이고 중장기적인 선교 전략이 있어야 하고, 타 교회나 단체와의 협력을 통한 시너지 선교가 되어야 한다는 것이다.

이런 생각을 하던 중 2016년 4월 15일에 광주광역시 양림동에 '유진벨선교기념관'이 개관한다는 소식을 들었다. 기쁜 마음으로 전시관 내용을 꼼꼼히 살피던 중 깜짝 놀랄 만한 사실을 발견했다. 그 내용은 지금으로부터 200여 년도 더 지난 시절, 조선이라는 이름 모를 땅에 복음을 전하기 위해 미국 장로교에서 세운 선교계획 때문이었다. 미국의 영토와 비교하면 한 주의 크기에도 미치지 못할 만큼 작은 조선에서의 선교를 효율적으로 진행하기 위해 그들은 합리적인 계획을 세워 접근했다. 남장로교와 북장로교가 각각 구획을 정하고 지금의 남북한뿐만 아니라 더 작게는 영호남과 각 지방을 분할해서 선교사를 나누어 파송하고 지원했다. 혹시 해당 분야의 전문가가 없는 경우에는 서로 협업하고, 선교사의 역할이 겹치거나 낭비되지 않도록 인적 · 물적 자원을 믿음과 이성을 총동원하여 섬겼던 것이다.

유진벨선교기념관에서 얻게 된 선교 전략에 대한 새로운 인식은 우리가 지금까지 진행해 온 해외 의료 선교의 모습을 돌아보게 했다. 약과 의료 기구들을 어렵게 준비해 가지고 들어가다가 공항에서 압수당하는 일도 많았는데, 이는 준비와 전략의 부재로 인한 것이라고 생각되었다. 많은 인력이 현지에 들어갔으나 준비한 내용들이 현지 상황에 적합하지 않아 당황하는 경우도 있었다. 특히 여름철이나 명절 기간에 단기 선교가 집중되어 다른 팀과 사역 내용이 겹치는 경우도 있었다.

기존의 방식을 돌아보면서 나는 한 지역에 대한 깊은 이해를 바탕으로 충실한 준비를 통해 바람직한 선교 모델을 세워 보고 싶었다. 소중한 선교비를 효율적으로 사용하면서 되도록이면 소외된 곳, 의료가 정말 필요한 곳을 지속적으로 방문하여 그들에게 의미 있는 도움이 되면서 복음 전파의 열매를 거둘 수 있기를 원했다. 이를 위해 찾고 기도하던 중 전남 완도군에 있는 낙도 선교로 인도함을 받았다.

완도군 섬들은 부익부 빈익빈의 차이가 뚜렷하다. 섬의 경제력과 여객선 운행의 횟수는 정확히 비례한다. 혹시 향후에 당신이 낙도 선교를 준비하면서 여객선 운항이 거의 없는 곳을 선교지로 정한다면, 그곳이 소외되고 어느 곳보다 봉사의 필요성이 있는 곳이라고 단언할 수 있다. 어떤 섬은 아홉 가구, 어떤 섬은 스무 가구만이 거주하고 있다. 보건소는커녕 상업 시설조차 거의 없는 진정한 의미의 낙도다.

어떤 이들은 완도군의 섬으로 이미 선교를 다녀왔다고, 특별할 것이 없었다고 여길지도 모르겠다. 하지만 그들이 다녀온 곳을 짚어 보면, 여러 명으로 이루어진 팀을 이끌고 가서 주민도 많고 접근도 쉬운 섬에서 의료 선교나 기타 봉사를 하고 돌아간 경우가 허다하다. 하지만 이런 섬들은 하루에도 수회씩 육지와 닿는 여객선이 존재하며 이미 섬 내에 의원과 보건소가 상주하는, 실은 소외되지 않은 지역인 경우가 많다. 접근조차 힘들고 사역도 눈에 띄지 않으며 사람을 모으기도 힘든 작은 섬들은 이러한 봉사지 선정에서조차 계속해서 소외되고 있다.

지루한 서두의 배경들이 바로 낙도에 가서 봉사하고 돕는 것이 내가 속한 지역에서 진정 도움이 필요한 곳을 조용히 그러나 묵직하고 지속적으로 섬기는 방법이라고 판단하게 한 이유다. 이 또한 결심과 필요만으로는 이루어질 수 없는 일이었을 것이다. 하지만 감사한 것은, 이러한 고민과 기도가 나 혼자만의 것이 아니었다는 사실이다. 실제로 경북 지역의 구미상모교회에서는 해외 선교나 교회 개척이 아닌 완도군에 속한 낙도의 교회를 돕고 섬기는 일을 꼭 필요한 선교로 인정하고 10여 년 전 이정환 목사님을 그곳에 선교사로 파송하며 '등대 3호'라는 배를 구입해 주었다. 분당중앙교회 또한 헌금을 모아 이 섬들 사이의 다리 역할을 할 배인 등대 1, 2호를 제공한 바 있다.

각 교회마다 몇 명을 전도했는지, 몇 명이 교회에 출석하는지 지극히 정량적 결과의 선교를 지향하고 있는 시점에 이런 낙도를 돕는 간접 사역이 전형적인 교회 개척이 아닌 하나님 나라의 확장과 영혼 구원이라는 눈에 보이지 않는 사역을 돕는 일임을 인정하는 것은 쉬운 일이 아니다. 이러한 선한 손길이 그리스도의 마음을 품은 분들과 교회에 의해 이미 시작되었던 것이다. 그동안 전남의 낙도를 광주나 전남의 교회 혹은 완도의 큰 교회가 섬겨 온 것이 아니라, 경북과 수도권의 교회가 섬겨 오고 있다는 사실이 놀랍다. 이러한 그리스도의 마음을 가진 분들께 진정 감사드리며, 이 글을 통해 다시 한 번 그들에게 그리스도의 축복이 임하기를 기도한다.

어찌 보면 나는 그리스도께서 이미 세우신 계획과 그분의 사람들이 이루어 놓은 헌신과 사랑 위에 '의료'라는 허울 좋은 이름으로 무임승차하고 있는 것인지도 모른다. 이분들의 삶과 섬김의 역사를 이 책을 통해 하나하나 기록하고 간증할 생각이다.

코비드19와 그리스도인들의 행태를 보며 한국 교회에 희망이 없다고 말하는 분들에게 나는 그렇지 않다고 항변하고 싶다. 지금도 보이지 않는 시골과 오지에서 사례비 한 푼 없이 혹은 최저 생계비에도 못 미치는 예산으로 섬의 영혼들을 섬기며 돌보고 있는 예수의 제자가 얼마나 많은지 목격하지 못해서 그런 것이라고 강조하고 싶다. 여전히 초심으로 척박한 현장에서 눈물로 하늘을 바라며 살고 있는 진짜 그리스도의 사람들을 이 땅의 믿음의 형제들에게 알리고 싶다.

2024년 7월
박정욱

1

나를 빚고
담으시다

다시 태어나다

토요일 새벽 6시. 자다가 갑자기 복통을 느끼며 잠에서 깼다. 급히 화장실로 달려가 앉았는데 마치 설사 같은 무른 변이 쏟아졌다. 일을 해결한 후의 시원함을 느낄 새도 없이 변기에서 익숙하지 않은, 이상한 비린내가 올라왔다. 깜짝 놀라 확인하니 변기 안에 혈변이 가득했다.

'피 냄새였구나. 왜 갑자기 혈변을 본 걸까?'

아는 게 병이라고 온갖 의학적 지식을 떠올리며 이유를 추론해봤다. 그러나 그런 생각도 잠시, 두어 시간 뒤에 있는 조별 발표가 생각났다. 나는 증상에 대한 이런저런 의학적 추론과 걱정에 브레이크를 걸었다. 발표 준비 마무리가 시급했다.

'큰 문제는 아니겠지. 좋아질거야.'

스스로를 안심시키며 무엇보다 중요한 발표 준비를 위해 컴퓨터 앞에 앉았다.

오전 9시, 의과대학 본과 3학년 계단식 강의실. 간신히 15분간의 조별 발표를 잘 마무리했다. 그러나 새벽에 스스로를 안심시켰던 것이 무색하게 몸 상태는 말이 아니었다.

'나는 의사가 될 사람이잖아. 이 정도 복통에 굴복해서는 안 돼.'

그러고는 정오까지 간신히 버티며 수업을 듣고 나서야 아내에게 전화했다.

"나 배가 많이 아파. 혈변도 계속 나오고."

"빨리 병원부터 가야지. 얼른 가서 검사해 보자."

아내는 내 상황을 전해 듣고 다급하게 말했다.

"응. 아무래도 토요일에도 진료하는 가까운 병원에 가 봐야겠어."

"그러지 말고, 응급실에 가자."

"아니야. 기다리지 않고 빨리 검사를 받으려면 응급실보다 그냥 전문병원이 나을 것 같아."

나는 아내와 학교에서 최대한 가까운 의원을 찾아가 새벽부터 이어진 증세를 의사에게 설명했다.

"우선 상태를 확인해 보죠."

그러고는 의사는 무심하게 인터폰을 누르며 말했다.

"여기, 결장 내시경 준비해 줘요."

우리의 절박함과는 다른 온도 차가 느껴졌다. 나는 잠시도 쉬지 않고 쏟아지는 혈변 때문에 아픈 배를 움켜쥔 채 간신히 발을 떼며 간호조무사를 따라갔다. 결장 내시경 검사를 준비하는 간호조무사를 보니 짜증이 난 듯한 분위기다. 토요일 퇴근을 앞두고 중

세가 심각해 보이는, 피비린내가 나는 환자가 왔으니 그럴 만도 하다 싶었다. 아픈 중에도 눈치가 보였다.

"아우, 더러워!"

그녀가 몸서리를 치며 간이 용변기를 내밀었다. 손으로 코를 가리고 인상을 쓰며 말하는 간호조무사. 나는 아파서 정신이 없는 중에도 환우를 대하는 그녀의 말과 행동에 적잖이 충격을 받았다. 응급 상황일 수도 있는 상태로 온 환자의 안전이나 그에 대한 배려는 안중에도 없어 보였다. 나는 여과되지 않은 반응을 쏟아내는 의료진을 보며 어이가 없었다. 그러나 우선은 나의 상태가 시급했기에 어떤 항변도 할 수 없었다. 검사를 진행하는 의사도 별반 다르지 않았다. 그는 대충 검사를 마친 후 물었다.

"전에도 이런 일이 있지 않았어요?"

"아니요. 난생처음입니다."

"만성 질환처럼 보이는데. 궤양성 대장염이나 크론병이나….'

"그나저나, 출혈량이 너무 많은데 괜찮을까요?"

나는 입원해서 경과를 관찰하자는 말을 예상하며 걱정스럽게 물었다.

"아니, 이거 뭐… 만성 질환이라…. 약 드릴 테니 지켜보세요."

의사는 그리 심각한 질환이 아니라는 듯 말하며 진료를 마무리했다. 이제 인턴만 마친 풋내기 의사인 아내와 아직 본과 3학년 의대생에 불과한 나. 우리 두 사람은 의사의 결정에 그대로 병원을 나설 수밖에 없었다.

"차라리 만성 질환이라 다행이야."

집으로 돌아오는 길에 아내가 위로하며 말했다.

"그러네…."

"잘 치료하면 되겠지. 건강 관리 잘하면 이겨 낼 수 있을 거야."

"응, 그래."

집으로 돌아온 뒤 아내는 새벽부터 몸에서 수없이 빠져나간 수
분과 전해질을 최대한 보충해 주기 위해 계속해서 물과 이온 음료
를 먹게 했다. 나는 간신히 처방받은 약을 먹고는 기절하듯이 침
대에 누웠다. 내 증상이 호전되기를 기대하며 아내는 이리저리 분
주하게 움직이며 간호했다. 그러나 우리의 기대와는 달리 시간이
지날수록 나는 점점 호흡이 가빠졌다. 온몸의 기운이 몸 밖으로
일제히 빠져나가는 느낌이었다. 몸을 일으켜 걸을 힘이 하나도 남
아 있지 않았다. 평소에 가깝게 지내던 의대 선배가 소식을 듣고
급히 병원에서 링거액을 가지고 와 수액을 달아 주었다. 하지만
상태는 점점 악화일로였다.

'뭐가 문제일까?'

온몸의 힘이 다 빠져나가는 중에도 계속 질문했다. 상황은 점점
더 나빠져 응급실로 가는 것 외에는 다른 선택지가 없었다.

내 증상은 급성 대량 출혈이었다. 급성 대량 출혈은 정확한 출혈
위치를 찾기가 까다롭다. 그렇기에 응급 수술의 경우, 보통은 안

전하게 임의로 장의 여러 군데를 절제하는 방법을 선택한다. 물론 이런 방식의 수술은 위급한 상황 속에서 환자의 생명을 건지기 위해 선택하는 보통의 방법이다. 환자의 생명을 위한 안전한 선택. 그러나 광범위한 장 절제는 건강한 장 부위까지 포함해서 절제하기 때문에 짧은 창자 증후군(Short Bowel Syndrome)을 얻게 되어 평생을 고통 속에서 살아야 할 수도 있다.

사실 가장 이상적인 수술은 대장을 내시경으로 직접 관찰하면서 출혈 부위를 찾고 문제가 있는 해당 부위만 최소한으로 절제하는 것이다. 물론 의사에게는 힘든 수술이다. 잘 보이지도 않는 장 전체를 내시경으로 살펴야 하고, 심각한 출혈을 씻어 가면서 출혈 부위를 응급으로 찾아내야 하는 어려운 일이기에 쉽지 않은 수술이다. 그러다 보니 이러한 상황에 놓인 위중한 환자들은 많은 경우 임의로 장을 광범위하게 절제하는 수술을 받게 되고, 이를 통해 '짧은 창자 증후군'을 대가로 얻게 되는 경향이 있다. 아직 풋내기지만 의학 물을 먹은 나와 아내는 그제야 상황이 생각보다 위중함을 파악했다.

응급실로 향하는 차창 밖으로 보이는 하늘은 더없이 맑았다. 화창한 날의 햇살이 얼굴을 비추고 있었지만, 나는 힘이 없어 눈부심을 피할 움직임조차 할 수 없었다. 밝은 햇살과는 달리 숨을 몰아쉬며 실려 가는 나의 시야는 점점 어두워져 갔다. 눈꺼풀이 무겁게 내려앉으며 잠이 쏟아지듯 몰려왔다.

내 손을 잡은 아내의 손길에 안타까움이 묻어 있었다. 눈물을 흘리며 바라보는 아내의 눈동자에서 안쓰러움과 걱정, 두려움 같은 여러 감정을 읽을 수 있었다. 아내는 걱정과 두려움이 몰려올 때마다 떨리는 가슴을 무시하며 어금니를 꽉 물고 하나님을 찾았다.

'하나님 아버지, 지켜 주세요. 주님의 사랑하는 아들이잖아요. 도와주세요. 제발 지켜 주세요.'

응급실에 도착한 후 검사를 통해 위중함이 확인되자 의료진에 의해 바로 수술실로 옮겨졌다. 이동형 침대에 다급히 실려 가고 있다는 것을 스쳐 가는 천장의 형광등 불빛으로 느낄 수 있었다. 이후 서둘러 도착한 부모님과 가족들 그리고 아내의 우는 소리가 희미하게 들려왔다. 결혼한 지 2주밖에 되지 않은 막내아들이 초주검이 되어 위급한 상황에 놓인 믿기지 않는 현실 앞에서 가족들은 망연자실할 뿐이었다. 하지만 몸 안에 심각하게 부족해진 혈액 때문인지, 의식은 희미하지만 나는 오히려 차분했다. 그리고 이런 독백이 나왔다.

"아, 사람이 이렇게 가는 거구나."

수술실 앞에서 수술을 집도할 외과 교수님이 가족들에게 말씀하셨다.

"제 가족처럼 최선을 다하겠습니다. 하지만 마음의 준비를 하고 계시기를 바랍니다. 너무 위험한 상황입니다."

교수님의 말씀이 희미한 의식 속에서도 또렷하게 들렸고, 계속 기억에 남았다. 수술실로 들어간 후 내 주변으로 의료진들이 분주하게 오가고, 이런저런 주사와 기구가 설치되고 있었다.

'주님, 이렇게 저를 데려가려 하시는군요. 저는 아무것도 아쉽지 않습니다. 아직 의사가 되겠다는 꿈을 이루지 못한 것도, 그 어떤 것도 주님께 서운한 것은 없습니다. 하지만 주님, 결혼한 지 2주밖에 되지 않은 아내를 두고 먼저 가는 것이 안타깝고, 미안합니다. 부모님께 더 잘해 드리지 못한 것도 회한으로 남습니다. 주님, 저를 부르시더라도 가족과 아내를 지켜 주세요.'

그렇게 수술실 안으로 들어간 나는 마스크가 씌워진 채 마취 가스를 흡입한 후 잠이 들었다. 장장 여섯 시간에 걸친 장 출혈 수술이 진행되었다. 수술 전후로 열 팩의 수혈을 함으로써 겨우 생명을 유지할 수 있었다고 한다.

수술이 끝난 후 캄캄한 어둠 속에서 의식이 서서히 돌아왔다.

'…'

규칙적인 기계음 소리, 슬리퍼 끄는 소리, 사람들의 작은 대화 소리가 들려왔다. 깜빡깜빡. 간신히 눈꺼풀을 들어 올렸다. 조금씩 선명해지는 시야로 낯선 풍경이 보였다. 마지막으로 봤던 수술실이 아닌 다른 풍경이었다.

'하…. 내가 살았구나.'

살아 있다는 것을 깨달은 심리적 안도감도 잠시, 수술한 복부에서 끔찍한 고통이 느껴졌다. 몸을 조금이라도 움직이면 더 심한 통증이 몰려왔다. 꼼짝도 못 한 채 그저 중환자실 천장만 바라보고 있었다. 잠시 후에는 등이 아파 왔다. 수술실로 실려 갈 때부터 내내 누워 있었으니 등이 아픈 것은 당연했다.

'아…. 이래서 환자들 등에 욕창이 생기는구나.'

너무나 현실적인 중환자실 체험. 의대생으로서 배웠던 지식과 술기들이 직접 체험되고 이해되기 시작했다. 한 방향으로만 누운 탓에 체중에 눌린 등이 점점 아파 왔다.

'자세를 살짝 바꾸면 좀 나으려나? 조금이라도 움직여 볼까?'

몸을 조금 움직이려고 하니 수술한 부위가 더 크게 아파 왔다.

'윽. 아프다. 그냥 가만히 있자.'

결국 움직이기를 포기하고 어쩔 수 없이 조금 덜한 통증을 선택하기로 했다. 의식이 점점 명료해지면서 코가 매우 불편한 상황임을 인식하게 되었다. 코에 삽입된 비위관(레빈 튜브)이 숨 쉴 때마다 코와 식도를 자극했다. 정말 불편하고 고통스러웠다. 콧물은 줄줄 새어 나오는데 코를 풀 수가 없었다. 끊임없이 따끔하고 아픈 코를 어찌지 못해 그저 포기하고 견딜 뿐이었다.

'중환자들 코에 삽입해 주던 비위관이 이렇게 불편한 것이었다니….'

중환자로 지낸다는 것은 온갖 통증과 불편함이 가득한 시간이라는 것을 새삼 알게 되었다. 몇 시간에 한 번씩 중환자실 간호사나 가족들이 맥없이 누워 있는 나를 보러 와 주고, 힘없는 내 손을 잡고 눈을 맞춰 주는 그 순간만이 유일한 위안이었다.

　시간이 지나면서 수술한 복부와 등의 통증, 코의 불편함과는 비교가 안 되는 더 큰 고통을 경험하게 되었다. 근처 침대에서 증세가 악화되어 임종하는 환자와 가족들의 울음소리가 들려왔다. 생사가 오가는 현장에서 내 몸의 이런저런 고통 따위는 사치에 불과했다.

　온몸의 고통과 치열한 생사의 전투가 지속되는 중환자실. 그곳에서 아무것도 할 수 없는 상황에 묶여 있는 나. 그 시간, 그 자리에서 내가 할 수 있는 것은 그저 주님을 찾고 부르는 것이었다.

　'십자가에 못 박혀 저보다 더한 고통을 겪으셨던 주님, 제 고통을 아시는 주님, 저를 불쌍히 여기소서.'

　'주여, 어떤 사람으로 만들려고 아직 젊은 저에게 이렇게 혹독한 경험을 허락하시나요?'

　'주님, 다시 사는 인생을 허락해 주시니 감사합니다. 이제 제 인생의 주인은 제가 아닌 주님이십니다. 이제는 주님의 충실한 종으로 살겠습니다.'

　'주님, 제 삶에 임재해 주세요. 은혜로 다시 허락하신 삶, 주님의 뜻대로 살고 싶습니다. 제 삶의 모든 순간이 주님의 뜻을 이루는 시간이 되기를 소원합니다.'

　'주님, 제 삶을 인도해 주세요. 주님의 시간에 주님의 뜻대로, 주님의 방법으로 이끌어 주세요.'

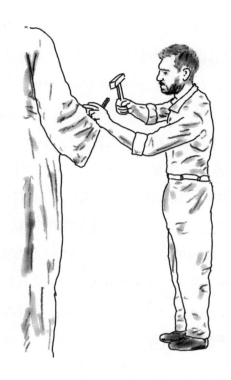

당신은 자신이 원하는 하나님을
조각하고 있지 않나요?

그 어느 때보다 약하고 고통스러운 육신의 상태였지만, 나의 영혼은 그 어느 때보다 더 선명하고 간절하게 주님을 찾고 있었다. 그렇게 주님을 간절히 찾으니 변화가 일어나기 시작했다. 나를 낮춰 겸손한 말을 사용하고, 작은 일에도 감사와 고백이 충만하게 됐다. 중환자실 안의 말소리 하나도 허투루 들리지 않았다. 주님의 성령이 내 마음과 입술, 내 생각을 인도해 주고 계셨다.

온갖 통증으로 아픈 상태였지만 역설적으로 나의 시선과 들음은 달라져 있었다. 그동안에는 내가 원하는 하나님을 조각하며 만들고 있었던 것이 아닐까? 예수님께서 맹인의 눈을 밝힌 후 더불어 구원을 허락하셨던 것처럼, 주님은 고통 가운데 있던 나를 찾아와 내 몸을 치료하고 살리셨을 뿐 아니라, 나의 영혼 또한 만지고 새롭게 해 주셨다. 얼마나 감사한 일인가? 단순히 육체의 삶을 치유하는 데 그치지 않고 육체의 건짐과 더불어 영혼의 건짐(구원)까지 허락하시는 하나님의 자비가 너무도 놀랍고 감사했다. 하나님의 자비는 나에게 그 무엇보다 끔찍했던 경험으로만 기억될 시간을 오히려 영혼을 새롭게 하는 은혜의 시간이 되게 하셨다. 은혜로, 감사로, 기쁨으로 살게 된 삶. 무엇과도 비교할 수 없는 기쁨과 무엇으로도 살 수 없는 은혜를 주신 하나님, 감사합니다!

3일간의 사투 끝에 일반 병실로 옮기게 됐다. 피를 쏟으며 일어나지도 못했던 순간들, 결과를 알 수 없이 수술실로 실려 갔던 순간들, 중환자실에서 천장만 보며 꼼짝도 못 했던 지난 시간과 비교하니 일반 병실에서의 생활은 그저 '주님께 감사!'였다.

고통스럽겠지만 많이 걸어야 빨리 회복되니 일어나서 움직이라는 요청을 받았다. 침대에서 내려와 허리에 복대를 차고 수액 봉에 의지해 천천히 병실을 걸어 나가는데 익숙한 풍경이 보였다. 의대 실습생으로 가운을 입고 의사 비슷한 행세를 하며 병원을 철

없이 돌아다니던 내 모습이 보였다. 그때의 나는 환자들의 아픔과 고통보다는 당장 내일 시험에 나올 족보나 리포트가 더 중요했다. 그저 의학적 지식과 실력을 쌓는 것에만 마음을 두던 나였다.

병동을 천천히 걷는데 익숙한 풍경 속에서 전에는 보지 못했던 것들이 보이기 시작했다. 가족의 회복을 위해 죽과 보리차를 데우는 보호자들의 사랑과 돌봄이 눈에 들어왔다. 다른 쪽에서는 일이 너무 바빠 끼니도 채우지 못한 채 입에 빵을 물고 일하고 있는 전공의들의 짠한 몰골이 안쓰럽게 보였다.

'세상이 달라 보인다는 말이 이런 거구나.'

가운이 아닌 환자복을 입고 비위관을 꽂은 채 수액 봉에 의지해 애써 걷고 있을 뿐인데, 익숙한 병원의 풍경 속에서 다른 세상이 보이는 듯했다. 마치 아람의 군사들을 보며 두려워하던 엘리사의 사환이 엘리사의 기도를 통해 눈이 열려 하나님의 군대가 산에 가득함을 보게 되었던 것처럼 말이다.

병실 침대에 누워 있는데 문이 열리면서 의료진과 실습생들이 회진을 위해 들어왔다.

'나도 이렇게 환자를 공부 삼아 내려다보던 의대생인데, 이제는 나의 상태와 검사 결과가 이들에게 공부 거리로 제공되고 있구나.'

주님께서는 내 고통의 순간들을 통해 이전에는 중요하게 여기거나 관심 두지 않았던 사람들과 상황 그리고 여러 환경에 눈뜨게 하셨다. 내 인생에서 일어날 거라고는 상상도 못 했던 순간이 주님의 인도와 음성을 더욱 갈급하게 구하며 이전과는 사뭇 다른 걸음을 내딛게 한 중요한 인생의 포인트가 되었다.

수술실 앞에서 하염없이 울었던 아내와 가족들. 병실을 방문할 때마다 가족들의 눈물이 점점 잦아들면서 안도하는 것이 보였다.

"내가 너를 잃을까 봐 얼마나 두렵던지….."

늘 엄하게 대하셨던 분인데, 눈물지으며 말씀하시는 아버지가 평소와 다르게 낯설게 느껴졌다(얼마 전에 고인이 되셨는데, 이 글을 적는 순간 아버지가 더욱 그리워 눈물이 가득 고인다). 그리고 결혼식 2주 만에 생사를 장담할 수 없는 수술실에 들어간 남편을 눈물로 기도하며 기다렸던 아내. 나이는 같지만, 나에게는 하늘 같은 의대 3년 선배였다. 주변 사람 모두가 우리는 결코 이루어질 수 없을 거라고 장담했지만, 나는 뚝심과 확신으로 아내와의 결혼에 성공했다. 내 인생에서 가장 잘한 선택이고, 가장 뿌듯한 성공의 경험이다.

여호사밧 앞에 몰려온 적들처럼, 힘들었던 수술 이후 나의 체력은 점점 소진됐고, 본과 3학년을 마친 뒤에는 결국 1년 휴학을 결정하게 되었다. 그 당시 아내는 나의 병간호를 위해 전공의 지원을 1년 뒤로 미루고 기꺼이 나의 회복을 위해 헌신했다. 아내는 사망의 음침한 골짜기를 걷던 내게 주님께서 쥐여 주신 '주의 막대기와 지팡이'였다. 아내는 내 삶에 하나님이 보내신 '돕는 자'(에제르*), 나에게 하나님의 '도우심'을 전달하는 진정한 '돕는 배필'이다.

나에게는 고통의 흔적이 있다. PTSD(Post Traumatic Stress Disorder, 외상 후 스트레스 증후군). 죽음을 목전에 둘 정도로 심각한 상황에 직면한 후 나타나는 정신적 불안 증상이다. 실제로 나는 퇴원 후에도 몇 달씩 집 밖을 나서기 힘들 정도로 심리적 불안과 후유증을 겪어야 했다. "비 온 뒤에 땅이 굳는다"라는 말처럼, 나는 육체적 시련과 정신적 시련을 모두 겪었지만 아내의 헌신적인 돌봄과 사랑, 가족들의 기도 속에서 조금씩 회복할 수 있었다.

누구나 삶의 고통이나 욕심이라는 유배지 안에 갇혀 있다. 이제는 그 유배에서 풀려나는 '해배(解配) 길'을 나서야 한다. 주님의 손을 붙잡고 다시 일어나 그 질곡에서 빠져나와야 한다. 나는 긴 시간을 주님께 묻고 또 물었다.

"주님, 왜 저에게 죽음을 목전에 둔 고통까지 경험하도록 허락하셨나요?"

"감당하지 못할 시험당함을 허락하지 않으시는 주님, 이 고통은 정말 견디기가 어렵습니다. 왜 의사가 될 저에게 PTSD까지 경험하도록 허락하시나요?"

---

* עֵזֶר 에제르(5828)

'원조': ― 도움

"여호와 하나님이 이르시되 사람이 혼자 사는 것이 좋지 아니하니 내가 그를 위하여 돕는 [에제르] 배필을 지으리라 하시니라"(창 2:18).

"내가 산을 향하여 눈을 들리라 나의 도움이 어디서 올까 나의 도움은 천지를 지으신 여호와에게서로다"(시 121:1-2).

"이스라엘아 여호와를 의지하라 그는 너희의 도움이시요 너희의 방패시로다"(시 115:9).

"주님, 이 시간을 통해 저에게 무엇을 알려 주려고 하십니까?"

"이 시간이 지나면 또 어떤 일들이 준비되어 있는 건가요?"

"저를 통해 이루고자 하시는 주님의 뜻이 무엇입니까?"

이렇게 수많은 질문을 주님께 쏟아 내는 시간 속에서도 나는 나의 회개와 순종, 내 삶의 헌신이 주님의 뜻에 합당한 것으로 드려지기를 기도했다. 그렇게 육체적 고통과 갑자기 다가온 정신적 고통의 긴 터널을 지나던 어느 날, 주님께서 내 마음의 눈을 밝혀 주셨다. 그리스도 예수를 죽은 자 가운데서 다시 살리신 하나님, 우리 안에서 크고 강한 힘으로 역사하시는 능력의 하나님, 예수님을 믿는 우리에게 그 놀라운 능력을 베풀어 주시는 하나님, 그 하나님이 어떤 분인지 알 수 있는 마음의 눈을 열어 주셨다(엡 1:17-19).

하나님을 마음의 눈으로 바라보게 되면서 그분이 만드신 세상을 향한 마음의 눈도 열리게 되었다. 나는 날마다 나를 향한 주님의 부르심과 소망이 무엇인지 알려 주시기를 구했다.

'통증, 수술, 치료, 죽음, 헌신, 책임, 가족, 돌봄, 공감, 극복, 희생, 회복….'

주님께서는 나에게 이 단어들의 의미를 경험적으로 알게 하셨다. 주님은 내가 단순히 육체의 고통을 치료하고 해결하는 것에서 끝나는 것이 아닌, 치료 이후에 일어날 수 있는 환우들의 마음속 고통까지도 공감하는 의사가 되기를 바라셨다.

'예수의 흔적'을 가졌다고 말했던 바울. 나에게는 고통의 흔적이 있다. 그러나 그것은 단순한 고통으로 끝나 버린 흔적이 아니다. 'Wounded Healer'(상처 입은 치유자), 곧 그리스도의 흔적을 가진 치유자로 다시 태어나게 하신 증거의 흔적이다. 섬세하고 성실하신 하나님께서 함께 가자고 부르신 내 소명의 흔적이다.

20여 년 전 그 고통의 시간은 하나님이 계획하신 의미 있는 시간이었고, 내 삶에 하나님 나라가 이루어지는 시간이었으며, 하나님의 뜻을 이루기 위한 퍼즐이 완벽하게 맞춰지는 시간이었다. 주님은 치유가 필요한 자리로 나를 계속해서 부르고 계시다.

고통의 시간을 통해 환우를 깊이 이해하고 사랑하는 의사로 다시 태어나게 하신 하나님의 섭리. 너무 놀랍고 감사한 하나님의 부르심의 선물. 단순한 고통의 기억이 아닌 소명의 선물로 열매 맺었기에 20년이 지난 지금 덤덤하게 이 글을 쓸 수 있게 됐다.

다시 주어진 삶. 내가 사는 것이 아닌, 내 안의 그리스도가 사시는 삶. 세상에 쓸려가는 것이 아닌, 세상을 밝히고 어루만지는 삶. 단 하루도 헛되지 않도록 매일을 성실하고 아름다운 은혜의 시간으로 채우며 그 은혜를 흘려보내는 삶. 나에게 주신 은사를 나누는 삶. 소외된 자들에게 다가가 주님의 도구가 되어 섬기고 돕는 에제르의 삶. 결국은 하나님의 사랑으로 모든 것을 채우는 삶. 이러한 삶으로 주님이 나를 초대하셨다. 나는 주님의 그 초대장을 가슴 깊이 새겨 넣고 날마다 주님과 함께 기쁨의 한 걸음, 한 걸음을 걸으며 동행하기를 소망한다.

"God is Good! All the Time!"

의대 스터디 룸의 추억

1년 휴학을 마치고 복학한 후 의대 졸업반으로 돌아갔다. 그 무렵에는 늦게까지 대학병원 스터디 룸에 남아서 임상의학을 공부했다. 어차피 아내는 전공의 1년차로 근무하고 있어서 텅 빈 집일 터였다.

다행히 1년을 휴학하고 돌아와서 그런지 공부가 엄청 재미있었다. 임상의학 지식을 하나하나 알아 가고 암기하는 것이 진정 달콤하기까지 했다. 주변 친구들은 임상 실습이 시작된 학기면 실습 마치는 시간만을 기다렸다가 다들 어울려 놀러 가기에 바빴다. 하지만 집에서 오지 않을 아내를 기다리며 혼자 있는 것보다는 학교에 남아 공부하는 편이 나았다.

그날도 밤이 깊도록 스터디 룸에 남아서 시간 가는 줄 모르고 공부를 하고 있었다. 책을 보면서 처음 보거나 깊이 이해하지 못한 내용을 사전이나 교과서 등을 찾아 가며 공부하는 것은 흥미로운 일이었다. 하지만 무엇보다 달콤한 순간은, 아주 느린 속도의 랜

선에 연결된 노트북으로 구글을 통해 해당 내용을 검색해 보는 것이었다. 영어 사이트를 통해 검색하면 활자로만 박혀 있던 단순한 글귀들이 수많은 사진과 동영상 그리고 최신 논문과 토론까지 찾아져, 살아서 꿈틀대는 생명체처럼 느껴졌다.

'이 의학 용어가 바로 이런 뜻이었구나'라고 깨닫는 순간, 뇌에서 폭발하는 도파민을 통해 엄청난 환희가 느껴졌다. 이 도파민이라는 뇌 신경전달물질의 보상 회로 때문인지, 나는 끼니를 잊어가며 공부에 빠져 있었다.

'내일 실습하러 가면 교수님께 이 부분을 여쭤봐야겠다.'

'중환자실에 있던 인공호흡기를 제어하는 원리가 이거였구나.'

다음 날 집중해서 봐야 할 내용을 수첩에 적으면서 그날 행해질 실습에 벌써부터 설레고 있었다. 이렇게 항상 실습하는 과목을 예습 및 복습하고 해당 과 실습 시기에 거의 대부분의 해당 임상 교과서를 모두 살아 있는 지식으로 게걸스럽게 빨아먹고 있었다. 강의나 책으로만 만났던 의학 지식을 현장에서 겪고 이미지를 통해 이해하자, 이제 이 지식들은 단순히 밑줄을 쳐 달달 외운 평면적인 활자가 아니라, 입체적이고 역동적인 지식으로 내 뇌에 저장되고 있었다.

그러던 어느 추운 겨울밤, 공부에 집중하고 있는데 갑자기 온몸에 한기가 느껴졌다. 무슨 일인가 하고 창밖을 보니 밖에는 이미 수북이 눈이 쌓여 있었다. 자정이 넘은 시간이었는데도 아랑곳하

지 않고 계속 책만 들여다보고 있었던 것이다. 집에 갈 마지막 전철을 놓치지 않으려 병원 건물을 뛰어 내려왔다. 병원 밖은 이미 설국처럼 눈이 하얗게 덮여 있었다. 시간이 늦어 아무도 밟지 않은 눈 위에 마치 개척자처럼 선명한 발자국을 남기고 집으로 향했다.

지금도 그때 건물을 나서며 밟았던 눈의 감촉과 보았던 풍경이 마음속에 선명히 남아 있다. 나를 죽음에서 건지고 나의 죄를 눈처럼 희게 하신 주님의 은혜 앞에 뭉클한 감동이 흐른다.

'나를 귀하게 쓰려고 내게 이런 준비의 시간을 주신 거였구나.'

세상의 절대자이신 그분과 나만 일대일로 만나는 황홀한 영적 소통을 경험하며 집으로 돌아갔다.

'내일도 그분이 함께하며 의사로서 펼치고 보여 주실 나의 삶이 기대된다.'

쓰나미 현장에 가다

이제 막 의사 면허를 딴 햇병아리 의사가 되어 한 병원의 인턴으로 근무한 지 6개월이 지나던 참이었다. 2006년 여름, 인도네시아에서는 엄청난 규모의 지진과 쓰나미로 인해 상상하기 힘든 자연재해를 겪고 있었다. TV에서는 빌딩 높이로 밀려오는 쓰나미 영상이 실시간으로 송출되고 있었다.

마침 병원에서 긴급 재난 구호에 참여할 의사들을 구하고 있었다. 나는 누구보다 이 일에 참여하고 싶었지만, 현실적으로는 이러한 바람을 입 밖으로 꺼내기조차 어려운 상황이었다. 그 당시 나는 내과에 속한 인턴이었는데, 만약 내가 차출되면 내 업무가 인턴 동료들이나 내과 전공의들에게 전가되는 폐를 끼쳐야 했기 때문이다. 그래서 입을 다물기로 했다.

응급한 상황이었기에 다른 팀들은 신속히 모집되었다. 하지만 내가 속한 인턴 집단 중에서는 그 어떤 지원자도 없었다. 모두 나처럼 결정권이 없는 데다가 다른 의사들의 희생을 요구할 수 없었던 것 같다. 게다가 일주일간 차출되는 이 의료 봉사는 본인의 휴가로 대체해야 했다. 1년에 한 번뿐인 휴가를 이 일에 소비하고 싶은 생각을 가진 인턴 동료는 아무도 없었다.

나는 이 일을 잊고 주어진 일에 집중하고 있었다. 그러다 병원 복도에서 인턴 교육을 담당하던 한 수련 부장님을 만났는데, 그분이 이런 질문을 던지셨다.

"자네, 크리스천이라고 들었는데, 혹시 인도네시아 봉사 팀으로 지원할 생각은 없는가?"

나는 마음을 들킨 듯 깜짝 놀랐지만 이내 마음을 가다듬고 차분히 대답했다.

"부장님, 이건 제가 결정할 수 있는 문제가 아닌 듯합니다. 아시다시피 제가 빠지면 제 동료와 선배들의 업무가 분명히 가중될 것입니다."

부장님은 의외의 대답을 들었다는 듯이 내게 말씀하셨다.

"긴급 재난 의료 팀에 참여할 생각이 있다는 것인가?"

"네, 그런 바람은 있지만 그건….'"

부장님은 말을 가로채듯 말씀하셨다.

"생각이 있다는 말만으로도 고맙네. 내가 사람을 제대로 보았어. 지금 자네가 근무 중인 내과에는 내가 직접 설득하겠네."

"하지만 저는 제가 속한 임상과와 상의 없이 부장님과 이런 이야기를 나누는 것이 벌써 불편합니다."

"아니야, 누군가는 가야 해. 아무도 가려고 하지 않아서, 기도하고 나오는 길에 자네를 처음으로 만나 물어본 거라네. 나는 자네의 대답을 기도의 응답이라고 믿네. 잘 부탁하네."

나는 그저 담담히 기도했다.

'주님의 뜻대로 하옵소서.'

몇 시간 후, 내과 과장님께서 외래 진료 중에 나를 호출하셨다.

"잘 생각했다. 내과는 내가 알아서 정리해 놓을 테니 잘 다녀와라. 그리고 이건 여비에 보태 써라."

자리를 비우는 것만으로도 황송한 내게 현금이 담긴 봉투가 전해졌다.

"죄송하고, 또 감사합니다."

"별소리를⋯. 다치지 말고."

내 위 연차였던 내과 전공의 선생님도 오해 없이 잘 다녀오라고 격려하며 이렇게 말했다.

"내가 선생님 인턴 점수를 잘 줄지는 장담 못 하겠지만, 그래도 이왕 가는 거 열심히 도와주고 오세요."

"네, 선생님. 자리를 비우게 돼서 정말 죄송하고, 또 감사합니다."

그렇게 나는 그날 저녁부터 재난 의료 팀의 짐을 함께 싸기 시작했다.

쓰나미 현장에 서다

재난 의료 팀과 함께 몇 번의 비행기를 갈아타고 버스에 올라 인도네시아의 족자카르타 공항에 도착했다. 공항 문을 나서 자마자 밀려오는 고온 다습한 공기가 바로 안경에 내려앉았다.

몇 번의 버스를 갈아타고 도착한 지역 병원에는 이미 지진과 쓰나미로 허다한 사람이 죽거나 많은 사람이 엄청난 부상으로 고통 받고 있었다. 게다가 밀려드는 환자로 인해 이들을 수용하기는커녕 기본적인 치료 물자나 식량조차 조달하기 어려운 실정이었다.

그 당시 이 병원의 참상을 표현하자면, 병동마다 발 디딜 틈 없이 가득한 부상자들을 지나치는 다국적 의사들의 손을 붙잡고 치료를 요청하는 절규로 가득했다. 태어나서 처음 보는, 말 그대로 아비규환(阿鼻叫喚)이었다. 그나마 다행인 것은, 이 엄청난 재난 소식에 '국경없는 의사회'를 시작으로 우리나라를 비롯해 프랑스, 네덜란드, 싱가포르, 인도, 중국, 미국, 오스트리아 등 각국의 실력 있는 외과의와 구호 단체의 전문가들이 현지 병원의 필요를 자원

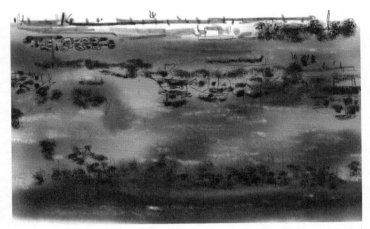

인도네시아 족자카르타 - 쓰나미로 폐허가 된 해변

하여 채워 나가고 있다는 점이었다.

특히 이번 재난의 경우에는 바다에 밀려온 해일의 일종인 쓰나미로 인해 무너진 건물이 많았다. 그러다 보니 붕괴된 건물과 잔해에 깔리면서 부상당한 시급한 중증 외상 환자가 가득했다. 다행히 우리 팀에는 경험 많은 척추 수술의가 있어서, 건물 등에 척추가 깔려 다리가 마비된 환자들의 척추 수술을 어렵지 않게 진행할 수 있었다.

하지만 이 작은 병원에 점점 외상 전문의들이 쏟아져 들어와 더 이상 수술실을 사용하기 어려운 상황에 이르렀다. 팔다리 등 골절의 위급성이 떨어지는 수술은 미뤄지기 일쑤였지만, 하반신 마비 환자의 척추 수술이 주 업무였던 우리 팀은 매번 가장 먼저 크고 좋은 수술실을 배정받을 수 있었다. 이렇게 척추 수술 팀원으로 항상 수술실에 머물며 그곳의 전체적인 상황을 파악하고 있다 보니, 언제부터인가 우리 수술 팀의 통역과 준비를 담당하던 나에게 각국 의사들이 수술 팀의 스케줄이나 계획을 상의해 오게 되었다.

합류 다음 날, 50세 후반으로 보이는 한 오스트리아의 점잖고 노련한 외과의가 수술실로 찾아와 자기를 소개하며 인사를 건네 왔다. 그리고 현재 상황에 대해 진지하게 대화하던 중 갑자기 이렇게 물었다.

"닥터 박, 그렇다면 이 병원의 가장 취약한 부분은 무엇입니까?"

나는 혹시나 하는 마음이었지만 담대하게 대답했다.

"핵심만 말씀드리자면, 이 병원은 각국 의사들의 수술 경연장이 된 지 오래입니다. 하지만 각 팀이 수술하고 난 이후 병동의 환자 케어가 걱정입니다. 특히 이들이 봉사 일정을 마치고 본국으로 돌아간 후 환자의 상태 관리가 심히 걱정됩니다."

그러자 그분은 고개를 끄덕인 뒤 이렇게 대답했다.

"나는 오스트리아 정형학회의 학회장입니다. 그런 나에게 외상 수술은 아주 자신 있는 분야입니다. 하지만 닥터 박의 말을 듣고 마음에 결심한 바가 있습니다. 수술실에서 벗어나 병동을 다니며 수술 이후 환자의 상태를 돌보고, 혹시 의료진의 손길이 제대로 닿지 않는 환자가 있다면 찾고 돕겠습니다."

나는 깜짝 놀랐다. 학회장급의 구루(guru)가 수천 킬로미터를 날아와 재난 구호 현장에서 이름도 없는 수술 후 케어를 하겠다는

쓰나미에 다리를 부상당한 환자를 치료하고 있다.

말에 나는 큰 충격을 받지 않을 수 없었다. 며칠간 지켜본 결과 그의 말은 진심이었다. 그는 이 나라에 본인의 능력을 과시하러 온 것이 아니었다. 이 끔찍한 현장에 도움을 주고 아픔을 함께 나누러 온 사람의 태도임을 가슴으로 깊이 느낄 수 있었다.

　실제로 며칠 후 다시 만났을 때, 그는 나의 지적이 맞았다고 말했다. 얼마나 많은 환우가 수술 후 제대로 된 처치와 관리를 받지 못하고 있는지를 보고 깜짝 놀랐다고 했다. 그러면서 외부 이동 진료를 계획했던 자신의 팀을 모두 병동 케어에 투입해 수술 후 소독과 처방 그리고 재활 안내 등을 담당하고 있노라고 말했다. 그는 적절한 조언을 해 주어 고맙다며 내게 황송한 인사를 건네기도 했다. 그 일 이후, 나에게 병원의 여러 가지 감당하기 어려운 상의가 이어졌던 것은 물론이다.

또 하나의 감동적인 에피소드를 소개하려고 한다. 물자와 인력이 부족했던 수술실에는 며칠 사이에 언제 그랬냐는 듯이 다시 의사와 간호사가 넘쳐나기 시작했다. 쓰나미 소식에 전 세계에서 의료 자원봉사자들이 몰려들었던 것이다. 유럽의 한 남자 간호사가 찾아와 현재의 수술실과 운영에 대한 의견을 물었다. 그 당시 오스트리아 팀의 도움으로 병동 케어는 어느 정도 안정되어 가고 있었다. 하지만 중환자들의 수술 후 회복실 개념의 운영이 전혀 없어 아쉽다고 언급했다. 그러자 그는 자신을 수술실 전문 간호사라고 소개했다. 자신도 수술실 일이 가장 자신 있지만, 이미 수술실 인력이 충분하다면 본인은 수술 후 회복실을 만들어 수술 환자들의 회복을 돕겠다고 했다. 그러고는 바로 수술실 한편에 베드와 간이 칸막이를 설치하더니 몇 분 만에 자신의 팀과 함께 회복실 차트까지 만들어 냈다. 더 나아가 이들은 수술실 봉사자들과 병동에 회복실 세팅을 알리는 등 새로운 시스템을 아주 짧은 시간 내에 구축해 냈다. 이들이 앞선 오스트리아 정형외과 팀과 협력한 것은 두말할 나위가 없었다. 나중에 안 사실이지만, 이 회복실을 이끈 팀은 네덜란드인들이었고, 독일어가 유창하여 오스트리아

병동 팀과 완벽한 시너지를 이룬 것은 꼭 기억하고 주목할 만한 일이었다.

반면에 나는 같은 공간에서 일하는 한국 의료 봉사 팀들을 보면서 큰 실망과 한숨을 내쉬지 않을 수 없었다. 말보다는 행동과 진심이 먼저이던 다국적 팀과 달리 한국의 의료 팀들은 의료 현장에서조차 말로 담기 힘든 실망스러운 모습을 보여 주곤 했다. 한 예로, 내가 머물던 병원 내에 척추 수술의가 부족하다는 소문을 듣고 노련한 수술 팀과 영상의학과 의사까지 포진된 최적의 한국 전문 수술 팀이 병원에 막 도착했을 때였다. 나는 너무나 반가운 마음에 그 사실을 우리 팀에 알렸으나 그 결과는 참담했다. 당시 병원 내에서 유일한 척추 수술의였던 우리 팀 의사는 한국에서 온 척추 수술 전문 팀을 만나 이곳에는 자리가 없으니 다른 곳을 알아보라고 통보해 그들을 외부 진료로 내몰았다.

이는 사실과 달랐다. 병동에는 무너진 건물 때문에 척추가 골절되어 하반신 마비인 환자가 수두룩한 상태였다. 또 척추 수술이라면 어떤 나라의 의사든 자기 수술실을 우선순위로 인해 양보하고 있었기 때문이다. 게다가 결정적으로, 그들은 막 도착했으나 우리는 이틀 후 현장을 떠나야 하는 상황이었다. 이를 옆에서 듣고 있던 나는 내 귀를 의심할 정도였다. 실로 젊은 의사로서 충격에 빠지지 않을 수 없었다. 차라리 외국 팀이 왔다면 내가 직접 말해서 그들을 붙잡았을 텐데 하는 탄식도 나왔다. 하지만 당시의 나는 이 사실을 차마 우리 팀의 다른 누군가나 다국적 팀에게조차 이야기할 수 없는, 그저 힘없는 인턴일 뿐이었다.

이것은 지금도 이해할 수 없는 '상명하복'(上命下服)으로 점철된 한국 의사들의 부끄러운 문화다. 그때 한국에서 막 도착한 척추 수술 팀을 사실상 밖으로 내몬 그 의사는 현재 높은 자리에 앉아 권세를 누리고 있다. 살다 보면 순전하고 아름다운 사람보다 정치적이고 기회주의적인 사람들이 어떻게든 지도자의 위치에 올라서는 것을 목격할 때가 있다. 하지만 나는 안다. 이 세상의 위치와 권세가 하나님 앞에서는 전혀 무가치하며, 영혼의 구원에는 오히려 독이라는 사실을 말이다. 하지만 나는 그의 구원 여부를 장담할 수 없다. 그가 주를 인격적으로 만나 그 시절을 참회한다면, 내가 아닌 그가 오히려 천국에 있게 될지도 모를 일이기 때문이다.

이토록 장황하게 나의 경험을 쏟아내는 데에는 바로 당시의 재난 의료 상황이 현재 한국 교회 의료 선교의 양상을 그대로 보여 주고 있다는 생각이 들어서다. 한국 교회는 이미 너무 많은 교단과 분열로 몸살을 앓고 있으며, 협력에 대한 고민보다는 선교에 대한 정치적 주도권 다툼에 몰두해 있는 듯하다. 더 아쉬운 것은, 이러한 갈라짐이 바로 의료 선교 현장에까지 연장되고 있다는 사실이다. 또한 천신만고 끝에 세워진 미전도 국가의 여러 초대 교회마저 벌써 한국의 교파 문제로 분열을 겪고 있으며, 이것이 현지인들의 신앙에 오히려 혼란을 야기하고 있다고 한다. 이 외에도 차마 언급하기 민망한 많은 어려움이 있지만, 우리는 이를 나열하기보다 지혜롭게 극복하기 위한 대안과 계획을 의논해야 한다고 믿는다.

최근 이러한 의료 선교의 현실을 타개하기 위한 운동이 시작되었다. 한국기독교의료선교협회(Healing Together)에서는 이런 개인과 교회와 단체의 힘을 합치고 시너지를 내기 위한 초교파적 의료 선교 운동인 '7000운동'이 시작되었다. 의료 선교를 지향하는 헌신자들을 시대에 걸맞은 SNS 및 네트워크로 모아 의료 선교의 새 역사를 쓰기 위한 거룩한 운동이다. 엘리야 선지자 시대에 바알에게 무릎 꿇지 않은 7천 명처럼, 분열이 아닌 연합과 협력의 의료 선교 모델을 만들고자 하는 시대적 요구다. 이를 통해 재정과 헌신자를 모으고, 세계 각지의 선교 정보를 실시간으로 업데이트하고 깨어 기도하고자 하는 기독 의료인들의 모임이다. 나는 각각의 교회가 고군분투하는 형태의 의료 선교는 점점 정돈되고, 이 '7000운동'을 통해 단기 및 장기 의료 선교 단체의 기도 제목과 도전을 나누고 가다듬어 효과적이며 묵직한 의료 선교의 시너지와 협력이 이루어져야 한다고 믿는다.

선교라는 영역에서 연합과 협력이 힘든 이유는 자신이 어떤 것을 더 잘한다는 생각 때문이다. 이미 원하는 답이 각자의 머릿속에 정해져 있어서는 힘을 합칠 수 없다. 이를 극복하기 위해서는 '나'가 아닌 '그리스도'를 중심에 두고 주님이 최선임을 인정해야 한다. 주님을 중심으로 동심원을 그려 모인다면 더 큰 열매를 맺을 수 있을 것이다. 그리스도인 의료인에게 의료 선교란 단지 휴가기에 다녀오는 일시적 봉사 활동이 되어서는 안 된다. 매일, 매시간 선교 현장의 소식과 기도 제목을 SNS를 통해 실시간으로 공유하고 찾는 역동적인 시대의 요구가 그리스도인 의료인에게 있음을 깨어 알리고 싶다. 우리는 우리 자신과 큰 연관이 없다고 여기는 사건과 사태가 얼마나 선교적으로 중요한 변화를 일으키고 있는지 의식하고 있어야 한다.

전 세계의 시대적 상황은 테러의 공포와 난민의 대 이주, 특히 IS와 북한, 러시아와 우크라이나의 전쟁, 이스라엘과 팔레스타인의 전쟁 등을 통해 우리 그리스도인 의료인들이 깨어 준비하고 있으라는 경고를 계속해서 던지고 있음에도 우리는 대부분 무심하게 반응하고 있는 것은 아닌지 모르겠다. 게다가 최근 코비드19 사태는 더더욱 대면 선교를 어렵게 하는 선교적 지각 변동의 시대로 우리를 내몰고 있다. 우리 그리스도인들은 이러한 격동의 시기에 깨어 기도하며 시대적 요구에 맞는 새로운 의료 선교를 계획하여, 위기를 기회 삼아 하나님과 이웃 사랑에 조금이라도 더 다가갈 수 있기를 진심으로 소망한다.

나의 고통을 바라보시는 주님의 시선

나에게는 외동아들이 있다. 자녀가 얼마나 사랑스러운지는 말로 설명하기가 어렵다. 아이가 만 세 살 무렵, 걸음마가 늦었던 터라 비틀거리며 여기저기로 걸어 다니는 시기였다. 물론 몇 발짝 걷다가 넘어지기 일쑤였지만, 독립적 보행을 위해 부모인 나는 그저 아이를 지켜보아야 할 시점이라고 생각했다. 재활의학과 전공의 시절이어서 직업병이 더 발동했는지도 모르겠다.

지금도 뚜렷이 기억한다. 주일 저녁 예배 중에 유아실 문을 열고 나가 여느 때처럼 비틀거리며 걸어가던 아이가 앞으로 고꾸라졌다. 그런데 아뿔싸, 아이가 넘어진 곳은 바로 계단 앞이었다. 뒤에서 지켜보던 나는 아이의 얼굴이 계단 모서리와 부딪히는 장면을 생생히 목격했다. 아이는 놀라 계단 앞에서 피를 흘리며 울음을 터뜨리고 있었다. 그 짧은 순간, 의사로서 생각할 수 있는 모든 외상의 가능성이 뇌리를 스쳐 지나갔다. 그중 가장 끔찍한 시나리오는 눈을 정면으로 손상당하는 것이었다.

'제발, 눈만 다치지 않게 해 주세요. 주님, 사랑하는 제 아들을 지켜 주세요.'

아이의 얼굴 위로 찢어진 상처에서 흐르는 피가 흥건했다. 나는 본능적으로 겉옷을 벗어 아이의 출혈 부위를 지혈하며 호흡 상태를 확인했다. 크게 목 놓아 울고 있는 것이 오히려 안심이었다. 아이를 진정시킨 후 서서히 지혈했던 부위를 열어 상처의 위치와 상태를 파악했다. 정말 다행히도 눈동자 부위가 아닌 눈썹 밑의 안와골 부위의 상처였다. 불과 1-2센티미터 정도 아래로 외상을 당했다면 안구가 다칠 수도 있는 아찔한 상황이었다.

나는 주변의 모든 교인이 놀라는 상황에서도 오히려 감사와 안도의 기도를 드리며 아이의 상처 봉합을 위해 모교 응급실로 향했다. 아이의 부모로서는 황망하고 놀랄 만한 일이지만, 객관적으로 보면 이는 의학적 응급에 해당하지 않는다. 특히 성형외과는 응급실에 내려와 급한 처치를 할 일이 많지 않은 것이 사실이다. 급한 우리의 마음과는 다르게 몇 시간을 기다려도 성형외과의 처치는 이루어지지 않았다.

그렇게 얼마나 시간이 흘렀을까? 한참이나 후배인 성형외과 전공의가 투덜거리는 말투로 아이가 어디에 있는지를 찾았다. 의사로서 환자를 대하는 입장과 환자의 보호자로서 의사를 대하는 상황이 정말 다르다는 것을 그때 또 새삼 깨닫게 되었다. 일도 많고 피곤한 성형외과 전공의가 평상시에 없던 응급실 콜까지 받아 내려와야 했으니 얼마나 고되고 힘이 들었을까. 그래도 선배의 아이라고 최대한 빨리 처치해 주려고 나서는 모습에 그저 감사할 뿐이었다.

짧은 시간 안에 상처를 씻어 내고 깨끗이 봉합하려면 국소 마취를 하지 않고 진행하는 것이 더 의학적 결과가 좋다. 상처의 마진을 부종 없이 확인하고 오차 없이 봉합하려면 국소 마취 없이 시행해야 한다. 하지만 이제부터가 시작이었다. 마취 없이 아이의 상처를 봉합하려 드니, 아이가 자지러지게 울기 시작했다. 3세 아이에게는 당연한 반응이었다. 하지만 부모로서, 또 의사로서 아이에게 최선은 마취 없이 빠르게 봉합을 마무리하는 것이었다. 세상 무엇보다 사랑하는 아이의 울부짖음을 나무라며 머리를 잔인하게 붙잡고 꼼짝 못 하게 할 수밖에 없었다. 세게 잡으면 잡을수록 아이는 공포와 통증에 더 크게 울어 댔다.

아이의 고통과 불안을 몰라서 그러는 것이 아니었다. 이 과정이 아이에게 꼭 필요한 것이기에 부모인 나는 아이에게 참으라고 하면서 더 강하게 제지하며 붙잡았다. 그 순간의 아이의 떨림과 공포가 고스란히 아이의 얼굴을 부여잡은 내 손을 통해 전해졌다. 그러면서 하나님의 마음이 느껴졌다.

'아들아, 네가 몇 년 전 수술을 하고 중환자실에서 고통 받고 있을 때 나 또한 너를 이렇게 붙잡고 있었단다. 너의 고통과 불안을 모두 알고 있었지만 네가 이를 감내하고 이겨 내기를 바로 옆에서 응원하며 기다렸단다.'

나의 고통에 동행하되 침묵하셨던 하나님의 마음을 부모로서 아들의 얼굴을 붙잡으며 깨달았다. 고통 가운데 부르짖는 자녀를 바라보시는 하나님의 심정을 이해하는 은혜의 순간이었다. 나도 모르게 눈물이 흘러내렸다. 옆에서 지켜보던 사람들은 아빠인 내가 아들이 가여워 우는 줄 알았겠지만, 실은 그렇지 않았다. 아들이 바로 나였고, 아들을 내려다보는 내가 바로 하나님이었다는 그 깨달음 앞에 울음이 터지고 만 것이었다. 그렇게 나는 하나님의 시선을 체험하고 이해할 수 있게 되었다. 나를 온전한 신앙인과 의사로 만들기 위해 필요했던 인내와 연단의 시간이 깊이 납득되는 시간이었다.

다윗은 시편 22편 서두에서 자신의 고통에 침묵하시는 하나님께 이와 같이 질문했다.

> "내 하나님이여 내 하나님이여 어찌 나를 버리셨나이까 어찌 나를 멀리하여 돕지 아니하시오며 내 신음 소리를 듣지 아니하시나이까"(시 22:1).

그러나 그는 고통에 대한 주님의 뜻을 깨달았는지, 바로 시편 23편에서 이렇게 고백한다.

> "여호와는 나의 목자시니 내게 부족함이 없으리로다"(시 23:1).

"주의 주권 앞에 저를 내려놓습니다. 주여, 이 미련한 자를 긍휼히 여기소서."

초등학교 2학년 아들의 영적 감동

아이와 오래전부터 약속한 제주도 여행을 아들과 나, 단둘이 하게 되었다. 밤늦게 배가 고프다 하여 좀처럼 불빛 하나 없는 바다 옆으로 난 오솔길을 따라 편의점으로 걸어가는데, 아이가 앞뒤로 살피며 무척 두려워하는 내색을 감추지 못했다. 스마트폰의 손전등을 이용하여 불을 밝혀 준 후 다음과 같은 말을 전했다.

"아들아, 이렇게 어두운 길이라도 아빠 손을 꼭 붙잡고 걸으니 전혀 무섭지 않지?"

아이가 날 쳐다보며 연신 고개를 끄덕였다. 나는 말을 이었다.

"너도 살다 보면 너무 무섭고 두려운 순간이 반드시 올 거야. 마치 이런 거리에 혼자 남겨진 것처럼 말이야. 그럴 때는 무서워하지 말고 바로 하나님께 기도해야 한다. 그럼 그분이 네 손을 잡아 주실 거야. 지금 아빠가 네 손을 꼭 잡고 놓지 않는 것처럼 말이야."

아이가 고맙다고 했다.

편의점에 들러 군것질거리를 사 가지고 나와 한 5분쯤 다시 걸었을까? 아들이 울고 있었다.

"아들아, 왜 울어 갑자기?"

아들이 답했다.

"아빠가 해 주신 말에 감동해서 눈물이 나요."

나는 초등학교 2학년인 아이의 마음에 그분이 임하셨음을 확신했다. 그리고 인격적으로 이 아이의 주인 되신 그분을 체험하며 우리는 말없이 함께 걸으며 울고 있었다.

2

나를
사용하시다

낙도와의 첫 만남

　아침에 눈을 뜨자마자 스마트폰의 기상 예보를 열어 확인했다. 파도가 높아 낙도로 향하는 여객선 운항을 장담할 수 없다는 안내만 보였다. 내일로 계획한 금일도 방문이 불투명해지는 순간이었다. 병원에 출근해서 진료를 보는 중간에도 짬을 내어 확인했다. 역시나 기상 예보는 요지부동이었다.

　다음 날 새벽.

　'가능할까?'

　창밖을 보니 공기 중에 안개가 자욱했다.

　'그래도 계획했던 대로 가 보자. 주님의 뜻이 있겠지.'

　기상 예보와 안개를 보며 잠시 고민하던 마음을 다잡고 트렁크에 메디컬 박스를 실었다. 차에 시동을 걸고 날씨가 좋아지기를 바라는 마음을 담아 내비게이션을 꾹꾹 눌러 글자를 입력했다. 목적지는 약산 당목항 매표소. 새벽 안개 사이를 헤치고 낯선 섬을 향해 출발하는 순간이 마치 영화의 한 장면처럼 느껴졌다.

목표는 정탐이었다. 어떤 방식으로 낙도 선교를 진행할 것인지 방향을 설계하기 위해 섬을 방문하는 날이었다. 적절하고 효과적인 의료 선교의 방향을 위해 현지를 미리 둘러보고 상황을 파악하며 결정하고 싶었다. 섣부르게 짐작해서 진행하는 일방통행 사역을 피하고 싶었기 때문이다.

이런저런 생각을 하며 달려간 지 어느덧 두 시간. 멀리 당목항 이정표가 보이더니 이내 항구에 도착했다. 항구에 정착해 있는 배 안으로 차가 들어가고 있었다. 주차장에 차를 세운 후, 기대하는 마음을 담아 한걸음에 매표소로 달려갔다.

"금일도 가는 배가 뜨나요?"

"네, 기상 상황이 나아져서 다행히 배가 뜹니다."

"할렐루야! 포기하지 않고 오길 잘했어!"

기쁜 마음에 주먹을 불끈 쥐었다.

빠르게 표를 구입한 뒤, 트렁크에서 메디컬 박스를 꺼내어 금일도행 철부선에 올랐다. 의료 도구와 약품이 들어 있는 박스는 무거웠지만, 설렘이 담긴 발걸음은 구름 위를 걷는 듯 가벼웠다.

낙도 의료 선교의 전초 기지가 될 금일도. 평일도라고도 불리는 그곳을 향해 배가 서서히 물살을 가르며 출발했다. 갑판에 서서 바다를 바라보는데 기대감에 가슴이 두근거렸다. 이 배를 타기까지 하나님께서 한 걸음씩 인도하셨던 여정들이 하나하나 떠올랐다.

금일도와의 인연은 금일제일교회를 섬기는 양승배 목사님을 통해 시작되었다. 2년 전쯤 어느 목사님의 소개로 양승배 목사님이 의원에 찾아오셨다. 치료를 위해 잠시 만나는 시간이지만 양 목사님의 겸손하고 인격적인 모습을 대할 때마다 그분과 더 깊이 교제하고 싶다는 끌림이 있었다. 그분에게서는 그리스도의 향기가 났다.

양 목사님은 만날 때마다 금일도가 얼마나 아름다운지를 이야기하셨다. 병원 식구들에게도 꼭 한번 금일도에 방문해 달라며 초대하곤 하셨다. 그러고 나서 얼마 후, 아내와 함께 그렇게도 기대했던 금일도에 드디어 방문하게 되었다. 가깝게 지내던 강현철 목사님 부부도 동행했다. 여섯 시간의 짧은 일정으로 섬에 머물렀지만 마치 일주일의 긴 여행을 한 것 같이 느껴지는 시간이었다.

갯바위에서의 낚시, 펄에서 캤던 굴, 잽싸게 달아나는 게를 잡으려고 쫓아다녔던 순간, 외국 휴양지인가 싶을 정도로 아름다웠던 해변, 투명하고 아름다웠던 푸른 바다, 계속해서 눈을 사로잡았던 섬의 풍광, 사랑을 가득 담아 주셨던 식사 대접과 섬김. 평생 기억에 남을 장면이었고, 아내와 함께 오랫동안 추억하고 이야기하게 될 시간이 되었다.

금일도로 발걸음을 인도하신 하나님의 뜻이 무엇인지 어렴풋이 느껴진다. 오랫동안 고민하며 기도했었다.

'주님. 저에게 선물로 주신 것들에 하나님의 마음을 담아 할 수 있는 일이 무엇일까요? 일회성으로 끝나지 않고 지속적이면서도 효율적으로 할 수 있는 일이 무엇일까요?'

그렇게 오랫동안 고민하며 기도했던 것에 주님께서 응답하고 계신 것을 느낄 수 있었다. 덤으로 평생 기억에 남을 아름다운 추억이라는 선물과 함께.

오랫동안 조용히 소외된 분들을 직접 발로 찾아다니며 섬기는 일을 하고 싶다는 마음의 소원이 있었다. 주님께서는 그동안 고민하고 소원을 담았던 기도에 응답하며 한 걸음씩 금일도로 인도하셨다. 이제 그 일을 시작해야 할 시간이었다.

양승배 목사님은 이정환 선교사님을 소개해 주셨다. 이정환 선교사님은 완도 지역의 소외된 교회를 전임으로 도우며 선교하는 분이었다. 신학교 동기였던 두 분은 졸업 후 각각 전남 광주와 경북 구미의 교회에서 사역하다가 금일도에서 우연히 재회하셨다고 한다. 대기업에서 일하다가 인생의 방향을 바꾼 이정환 선교사님은 구미상모교회에서 장기간 교역자로 섬기셨었다. 지금은 담임목사 자리를 마다하고 다시 사역의 방향을 바꿔 전임 선교사로 파송 받아 낙도 선교사의 길을 가고 계시다.

사모님과 함께 완도군 오지 섬에 있는 교회들을 전심으로 섬기며 전도하고 계신 이정환 선교사님을 만나며 몇 가지 놀라운 점을 발견했다. 먼저는 경북 지역에 위치한 구미상모교회의 선교에 대한 마인드에 놀랐다. 해외가 아닌 국내의 낙도를 위한 선교 사역에 전임 선교사를 파송하고 오랜 기간 물심양면으로 꾸준히 돕고 있는 교회의 도전과 결정이 매우 인상적으로 다가왔다. 또한 '선교사'가 된다면 자동으로 떠올리게 되는 해외 선교의 길을 가지 않고 국내의 소외된 지역에 위치한 외딴 섬의 선교사가 되기로 한 이정환 선교사님의 헌신이 인상적이었다. 게다가 한 지역에서 교회를 세우고 목회를 하는 사역이 아닌, 낙도의 소외된 교회와 마을을 찾아다니며 그들의 필요를 채우고 조력하는 일만을 전임 사역으로 하고 있다는 사실이 더 놀랍고 귀하게 여겨졌다.

'그리스도인의 빚진 마음이 아니면 참 설명하기 어려운 일이야.'

폭발의 위험을 감수하며 오지의 섬에 배로 가스통을 배달하고, 태풍에 무너진 종탑을 보수해 주고, 비가 새고 무너진 교회의 지붕을 수리해 주고, 마을마다 찾아다니며 망가진 방충망을 보수해

낙도의 소외된 교회와 마을을 섬기는 이정환 선교사님

주고, 군데군데 벗겨진 페인트가 보이면 칠을 해 주고, 이미용 봉사는 물론 어르신들에게 일손이 필요할 때면 찾아가 부지런히 돕는 일이 이정환 선교사님의 일과이며 사역이었다.

'유유상종. 친구는 서로 닮는다더니, 그리스도의 향기가 나는 한 분을 또 만났네.'

겸손하게 진심을 담아 묵묵히 사역을 감당하시는 모습에 깊은 울림이 메아리치며 다가왔다.

'아, 나도 이렇게 사역하고 싶다.'

섬을 떠나 육지로 돌아오는 길에 섬에서의 따뜻하고 정겨웠던 만남들과 도움이 필요한 현장 및 헌신된 분들의 섬김의 사역들을 다시금 떠올리며 질문했다.

'이 경험을 통해 하나님께서는 내가 무엇을 깨닫기를 원하실까? 하나님께서는 나와 함께 무엇을 하고 싶으신 것일까?'

금일도에서의 첫 만남은 소외된 낙도를 주님의 마음으로 품는 계기가 되었다. 소외된 이들(Marginalized people)을 향한 그리스도의 정신을 따라 도움의 손길이 닿지 않는 곳에 찾아가 소리 없이 섬기는 일. 주님은 낙도를 마음에 품고 지속적이고 정기적인 의료 봉사를 결심하고 헌신할 수 있도록 한 걸음씩 인도해 주셨다.

금일도 일정항에 곧 도착한다는 안내 방송이 들렸다. 뱃멀미를 느낄 새도 없이 20분 만에 도착했다.

'낙도라고 부르지만 생각보다 멀지 않네. 결국은 마음의 거리가 낙도를 더 오지처럼 느끼게 하는 것 같아. 하긴, 나도 직접 와 보기 전에는 엄청 멀게만 느꼈었지.'

배에서 내리기 위해 묵직한 메디컬 박스를 들고 갑판으로 나갔다. 낙도 의료 선교의 첫발을 내딛는 순간이었다. 멀리 이정환 선교사님이 마중을 나와 계셨다. 한 달 만의 만남이지만 무척 반가웠다. 잠시 시간이 허락되어 이정환 선교사님 댁을 방문해 사모님과 첫 인사를 나누고 그분의 삶과 사역에 관해 이야기를 들었다. 대화가 진행될수록 낙도 사역에 대한 더 큰 확신이 생겼다.

"그들도 대답하여 이르되 주여 우리가 어느 때에 주께서 주리신 것이나 목마르신 것이나 나그네 되신 것이나 헐벗으신 것이나 병드신 것이나 옥에 갇히신 것을 보고 공양하지 아니하더이까 이에 임금이 대답하여 이르시되 내가 진실로 너희에게 이르노니 이 지극히 작은 자 하나에게 하지 아니한 것이 곧 내게 하지 아니한 것이니라 하시리니"(마 25:44-45).

고래처럼 생긴 비견도

'금일도'(평일도)의 다른 항구를 통해 배를 다시 타고 근처의 작은 섬을 향했다. '비견도'라는 이름의 작은 섬이었다. 이 섬은 '금당도'라는 섬의 바로 옆에 위치해 있었다. 나중에 이 섬 이름의 유래를 전라남도 홈페이지에서 정확히 알 수 있었다.

비견도는 금당면(金塘面: 현재의 금당도) 차우리(車牛里)에 속한다. 18세기 후반에 경주 정씨(慶州鄭氏)가 고흥 시산도에서 건너와 마을을 이루었다. 섬의 모양이 고래(鯨)가 나는 것 같다 하여 '비경'(飛鯨)이라 하였다가 '비견'으로 바꾸었다. 마을 이름도 '비견'(飛見)이 되었다. 1986년 완도군이 세워지면서 금당면 차우(車牛)에 속해 있다가 1914년 행정구역 개편에 따라 금일읍(현재의 금일도 또는 평일도) 울포(鬱浦)에 편입되었다가 1953년에 떨어져 나왔다. 1986년 4월 1일 금당면 승격으로 금당면에 속해 현재에 이른다.[*]

---

[*] 완도군지 편찬위원회, 《완도군지》, 학연문화사, 2010; 완도군, 《마을유래지》, 1987.

고래 형상을 닮은 비견도

비견도에는 언덕 아래에 위치한 소박하지만 아름다운 비견도교
회가 있었다. 처음 보는 검은 얼굴의 주요섭 강도사님(2020년 10월 가
을 정기 노회에서 목사 안수를 받았으나 이후 소천하심)이 불편한 다리를 절룩
이며 우리를 만나러 항구로 나와 계셨다. 다리는 며칠 전 배를 뭍
에서 잡아당기다가 종아리 근육이 파열된 듯했다. 그렇게 그분이
내 완도군 의료 봉사의 첫 환자가 되었다.

비견도라는 작은 섬에 사모님과 거주하시는 주 강도사님은 뭍
에서 간경화로 어려움을 겪다가 친형님의 간 기증으로 새 삶을 얻
어 이곳에서 목회를 하고 계셨다. 시종 미소와 기쁨이 가득한 얼
굴로 우리를 맞아 주셨다. 이 작은 섬의 주민들을 선교하고 품고

자, 사모님은 어린이집을 운영하며 3세 이하의 아이들을 돌봄으로써 마을 젊은 부부들이 생업인 바다 일에 맘 편히 종사하도록 돕고 계셨다. 이 두 분은 사례비조차 거의 없이 사역을 하고 계셨다. 허름하고 오지에 있는 섬 교회를 섬기고 있다는 것이 믿기지 않을 정도로 천국을 사는 듯한 얼굴을 소유하고 계셨다. 특히 주 강도사님은 간 이식 후 덤으로 얻은 인생을 살고 있다며 모든 것이 주님의 은혜라고 말씀하시는데 진심으로 고개가 끄덕여지지 않을 수 없었다.

마을 어르신들을 만나러 언덕 꼭대기에 위치한 복지 회관으로 향했다. 어르신들은 점심 식사를 같이하러 모여 계셨다. 아옹다옹한 분위기가 정겨웠다. 이렇게 마을 어르신들끼리 모여서 얼굴도 보고 이야기도 나누는 것이 이분들에게 얼마나 중요한 일인지를 깨달았다. 누가 아프지는 않은지, 몸에 이상은 없는지, 식사는 거르지 않았는지 굳이 가가호호 방문하지 않아도 이 노인정을 통해 많은 것을 확인하고 도울 수 있을 것이라는 생각이 들었다. 실제로 이 어르신들을 돕는 행정적 발상이 직접 방문하는 것보다 각 마을의 노인정을 통해 이루어지는 것이 훨씬 효율적이고 생산적이라는 사실을 발견할 수 있었다.

하지만 이곳이 정말 '오지'라는 것은 쉽게 알아차릴 수 있었다. 한 할머니는 엄지발가락에 김칫독을 떨어뜨린 후 발가락에 연고만 바르며 수주째 지내고 계셨다. 내게 엄지발가락이 아프다며 내

미셨는데 보기에도 심상치 않아 보였다. 미리 준비해 간 이동용 초음파를 켜서 그분의 발가락을 영상으로 확인했다. 초음파로 확인해 보니 엄지발가락 골절이 분명했다. 부러진 발가락을 고정하지 않고 골다공증의 상태로 방치해서 장기간 불유합된 소견이었다. 나는 혹시라도 비뚤어지거나 심각히 변형된 어르신들의 퇴행성 관절염 손가락을 교정해 드릴 목적으로 챙겨 갔던 손가락 교정용 반지를 자르고 수정하여 그분의 엄지발가락에 부목의 형태로 대고는 테이프로 감아 드렸다. 마음이 아팠다. 이것이 이곳의 현실이라는 인식이 진료를 진행하던 나를 긴장하게 했다.

이곳에는 당연히 보건 지소조차 없으며, 진료를 위해서는 한 시간 정도 배를 타고 고흥군 근처의 '녹동항'까지 가야 한다. 뭍에 도

비견도 마을 회관에서

착해서도 육지의 환자들과 경쟁하며 진료를 기다려야 하고, 배 시간을 놓치지 않으려면 노심초사하며 돌아와야 한다고 한다. 예전에는 뭍의 사람들도 섬사람들의 사정을 이해하고 양보하는 미덕이 있었지만, 그런 오지랖은 옛 낭만이 된 지 오래라고 한다.

이어 무릎 관절이 완전히 구축될 대로 구축된 할머니들을 진료했다. 또 발목 인대가 완전히 파열된 채로 수십 년을 살아오신 분들을 진료하는데 마음이 점차 무거워졌다. 잡아 온 해산물과 김, 미역을 다듬고 산비탈에 농사를 지으며 망가진 관절과 척추가 어찌 나의 진료 한 번에 회복될 리 있겠느냐마는, 그분들의 세월에 안타까운 마음이 생기는 것은 어찌할 수 없었다. 그래도 뭍에 가서 진료를 받으면서도 한 번도 본 적이 없던 이동용 초음파를 들

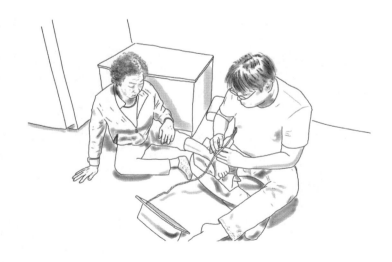

고 가서 한 분, 한 분 살펴 드리자 신기하기도 하고 놀랍기도 한 얼굴로 주민들은 내게 감사와 호감을 표현해 주셨다.

어르신들의 진료를 마치고 일어서려고 하자 밥이라도 꼭 먹고 가라고 하신다. 노인정에서 김치찌개와 김자반, 멸치볶음을 반찬으로 밥을 가득 담아 주셨다. 기대하지 않고 찌개를 한술 떠먹었는데, 묵은 김치와 돼지고기로 뚝딱 끓여 낸 김치찌개는 천상의 맛이었다. 멸치와 김도 비견도에서 난 것이라 그런지 꿀맛 같았다.

짧은 시간이었지만 아쉬움을 뒤로하고 배 시간에 쫓겨 노인정을 나왔다. 동행한 강도사님도 너무 행복해하셨다. 시간이 부족해서 강도사님은 급히 옆집의 트럭을 빌려 이 선교사님과 나를 항구까지 바래다주셨다. 말 한마디와 몸짓 하나하나에 담긴 그분의 진심과 인격이 느껴져 내 가슴이 가득 채워지는 듯했다. 또 만나자며 손을 꼭 잡고 우리는 또 다른 섬으로 건너갔다.

나중 일이지만 비견도교회 강도사님과는 내가 운영하는 의원에서 다시 만날 수 있었다. 다른 의학적 도움을 위해 믿음의 원장님들을 소개해 드린 적이 있었다. 그분들 진료 후에 다시 뵈었는데 얼마나 밝은 얼굴로 찾아오셨는지 모른다. 나는 앞으로도 주님이 이어 주시는 사랑의 끈들을 이토록 소중히 여기며 지켜 갈 생각이다.

장보고의 군마를 사육한 고마도

성탄절을 며칠 앞둔 목요일 새벽 5시 30분, 아끼는 직원 세 명과 함께 광주를 출발했다. 게을러서 새벽 기도를 잘 나가지 않은 탓인지, 꼭 심야에 운전을 하는 것같이 많이 졸리고 어색했다. 그날은 완도로 들어가서 다시 사선을 타고 '고마도'에 먼저 들어가기로 했다. 고마도는 여객선이 하루에 한 번만 다닐 정도로 아주 작고, 세대수도 적은 섬이다.

역사적으로는 임진왜란 때 '고마진'이 설치되었으나 선박의 출입이 불편하여 진이 강진 마량으로 옮겨 가면서 '마도진'(馬島鎭)의 옛 이름이라 하여 '고마도'(古馬島)라 칭하여 현재에 이르고 있다. 신라 시대에 장보고가 군마를 길렀다 하여 고마도라 불렀다는 이야기도 전해지고 있다. 실제로 섬은 고요하면서도 소박한 남해안의 풍경을 간직한 아담한 모습이었다.

여객선은 점심 즈음에 한 번 왕복할 뿐이기에 시간이 급한 우리는 고마교회 신 집사님의 사선을 이용해 입도했다. 선착장에 내려

고마교회 신 집사님의 사선

고마교회의 김희숙 목사님을 먼저 만나 인사를 나누었는데, 외지인인 우리를 밝고 씩씩한 표정으로 반겨 주셨다. 우리는 항구 바로 옆에 위치한 고마리 복지 회관으로 자리를 옮겨 진료를 시작했다. 그날 두 군데의 섬을 차와 배로 이동해 진료를 마쳐야 해서 신속하게 움직여야 했다.

드문 외지인, 그것도 의료진들의 방문에 어르신들의 얼굴이 반가움으로 가득 차 있는 것이 느껴졌다. 우리가 들어서자 따뜻한 아랫목을 내어 주며 존중해 주시는 모습에 깊은 감사를 표했다. 진료 준비를 하고 한 분, 한 분 진료를 하는데 따뜻하다 못해 더울 지경이었다. 사정인 즉, 평상시에는 난방비가 아깝다고 잘 틀지 않던 보일러를 아침부터 작동시켜 하마터면 반팔을 입고 일해야 할 정도로 실내 온도가 올라갔던 것이다. 우리는 그러한 따뜻한(?) 환대에 더 힘을 내어 진료에 임했다. 역시 혼자 진료를 다니던 때와 비교하면 모든 것이 수월했다. 수년간 같이 손발을 맞추어 일하던 간호사와 방사선사가 따라와 일을 도우니 진료의 능률과 속도가 탄력을 받았다. 넉넉한 일꾼들 덕분에 금세 진료를 마쳤다.

새벽부터 출발해서 그런지 배가 출출했다. 때마침 고마교회의 김 목사님이 섬의 로컬 푸드가 가득 담긴 점심을 대접해 주셨다. 신선한 굴과 굴전, 떡국, 장어 볶음, 갖은 김치까지 눈과 입 모두가 즐거웠다. 다이어트한답시고 밥을 반 공기씩 먹던 나도 어느새 공기 두 그릇을 순식간에 해치웠다.

생각보다 일찍 끝낸 진료 덕분에 김 목사님, 신 집사님과 교제를 나누고 잠시 시간을 내어 섬 산책에 나섰다. 어떠한 물감으로도 표현할 수 없는 파란 겨울 하늘과 바다 아래서 해방감을 느끼며 직원들과 사진도 찍고 마음껏 웃었다.

어려움에 처한 사람들을 대가를 바라지 않고 도우며 치료해 본 의료진들은 무엇과도 바꾸기 힘든 기쁨과 가슴속 깊이 각인되는 하나님의 긍휼을 동시에 경험하게 된다. 즉, 봉사를 통해 우리를 향한 주님의 시선을 잠시 엿볼 수 있게 되는 듯하다. 그래서 나는 주님을 만날 수 있는 이러한 봉사의 시간을 평생 놓치고 싶지 않다.

다시 사선을 타고 완도로 나가는 길, 마을 벽에 누군가가 그려 놓은 그림과 글귀를 보고 미소가 지어졌다. '당신은 하나님의 사랑을 받기 위해 태어난 사람'이라는 낯익은 내용의 글씨와 하트 그림이 가득 채워져 있었다. 이 섬으로 단기 선교를 온 청년들의 재능 기부 작품이라는 설명을 들었다. 귀한 일이며, 이 섬에 사랑의 이미지를 심어 주는 귀한 사역이라는 생각이 들었다. 이 시대의 청년들이 학업과 취업 경쟁에 내몰려 있지만, 이러한 낙도를 청년 시절부터 기억하고 섬기는 훈련을 하는 것은 진정 세상에서 구별된 신앙인으로 살아가는 토대가 될 수 있지 않을까 하는 생각이 들었다.

다시 뭍으로 배를 타고 나가 차로 30분을 달려 해남군 땅끝 옆의 남성항 선착장으로 향했다. 거기서 다시 여객선을 타고 20분 거리의 백일도를 오후에 방문할 계획이다.

깨끗하고 하얀 순백의 섬, 백일도

완도군 해남 땅끝 선착장은 완도군의 낙도로 떠나는 거의 모든 여객선의 출발점으로 유명하다. '백일도'는 잘 알려지지 않은 항구인 해남군 동쪽에 위치한 북평면의 '남성항'을 이용한다. '백일도'(白日島)라는 이름의 유래는, 해맑고 하얀 바닷가의 차돌과 모래가 빛을 발하여 육지에서 보면 깨끗한 섬이라고 하여 '백일도'(하얀 섬)라 칭했다고 한다. 또 바로 옆의 '흑일도'(黑日島)는 해가 지는 서쪽에 위치하여 '흑일도'(검은 섬)라 불렸다고 한다. 처음 섬에 사람이 들어온 시기는 1700년대로, 신안 주(朱) 씨와 송(宋) 씨가 처음 입도했다고 전한다. 송 씨는 백일도, 흑일도, 동화도 세 개 섬을 매입하여 백일도는 장남에게, 흑일도는 차남에게, 동화도는 딸에게 내주어 거주하게 했다고 한다.

섬에 도착하자 백일도교회의 여성 담임인 김영희 목사님께서 마중을 나와 계셨다. 순서대로라면 교회를 방문하는 것이 먼저이 겠지만, 아침부터 경로당에서 어르신들이 고개 빠지게 기다리고

백일도 경로당에서

계신다는 소식을 듣고 경로당으로 향했다. 어르신들은 설레는 표정으로 우리를 반겨 주셨다. 김영희 목사님도 동행하여 어르신들을 줄 세우며 안부를 전하셨다.

　나는 늘 이 사실을 기억하려고 노력한다. 우리는 현지 교회의 사역의 확장을 돕고 기여하기 위해 잠시 다녀가는 것이며 기능적 봉사를 할 뿐이다. 이보다 더 중요한 것은, 이 기회에 마을 경로당을 방문한 어르신들의 손을 한 분이라도 더 잡고 격려하며 간극을 좁혀 가는 것, 이것이 한 명의 어르신을 더 진료하는 것보다 중요하다고 생각한다.

　실제로 백일도의 김 목사님은 이곳 섬 교회에 부임한 지 얼마 되지 않으셨다고 한다. 이 의료 봉사가 마을 어르신들에 대한 애정과 사랑을 더 표현하고 진심으로 다가가는 계기가 된다면 그 이상의 보람은 없을 듯하다.

나는 진료의 속도를 조금 늦추며 어르신들에게 목사님과 꼭 가깝게 지내고 교회에 나와 주시라고 당부하는 것을 잊지 않았다. 그러면서 어느새 처음 보는 어르신들에게 "하나님이 어머님을 정말 사랑하세요"라고 말하고 있는 내 모습을 발견하게 되었다. 그 모습을 옆에서 지켜보던 직원들도 흐뭇한지 환하게 웃고 있었다.

진료를 마칠 때쯤 한 할머니가 댁의 남편분이 너무 아파서 꿈쩍도 하기 힘들다며 왕진을 부탁하시기에 기꺼이 응했다. 섬의 비탈을 한참 올라 녹슨 철문 안으로 들어가니 병색이 짙은 할아버지 한 분이 허리를 부여잡으며 일어나고 계셨다. 직원들과 자리를 잡고 앉아 할아버님을 진찰하고 검사한 후 주사 치료까지 해 드렸다. 노부부 모두 깊은 감사를 표하셨다.

할머니가 대문까지 쫓아 나와 감사하다며, "내 사우가 목사야, 근디 나는 교회 안 나가"라고 말씀하셨다. 그래서 나는 "워쩔라고 그란데잉. 이제는 김 목사님 손 꼭 잡고 주일마다 예배드려야 쓰겄네"라고 대답했다. 내려오는 차 안에서 김 목사님께서 말씀하셨다. "집사님의 그런 말씀 한마디가 제가 다시 그 집을 찾을 때 말을 섞을 동기가 되고 목회에 큰 힘이 됩니다."

목사님뿐 아니라 하나님께 기쁜 일이 되려면 어떤 노력을 더 기울여야 할지, 고민되고 숙연해지는 순간이었다.

행복한 진료를 마치고 새로 단장을 끝낸 아름다운 교회 예배당

거동이 어려운 환우를 왕진했다.

을 방문했다. 이 섬과 교회 그리고 주민들을 축복하는 기도가 가
슴에서 우러나왔다. 잠시 다과를 나누던 중에 김 목사님께 뜻하지
않은 전화가 걸려왔다.

"목사님, 여기 이장 댁인데요. 저희 어머님이 발목이 많이 안 좋
아 잘 못 움직이시는데 혹시 오늘 오신 원장님께 왕진을 부탁드려
도 될까요?"

옆에서 내용을 눈치 챈 우리는 배 시간이 결정되지 않았으니 바
로 방문하겠다고 전했다. 이장님 댁을 방문하니 이 댁의 김 양식

을 돕는 외국인 근로자들을 포함하여 여러 사람이 있었다. 무뚝뚝한 인상의 이장님도 우리를 반기는 내색이었다. 집 안으로 들어가 이장님 어머니와 남동생 그리고 심지어 이장님까지 세 분을 치료하게 되었다. 평상시 말 걸기가 힘들 정도로 낯을 가리던 이장님 댁 사람들이 한순간에 우리와 김 목사님께 호감을 갖게 된 소중한 순간이었다. 가끔은 말로 하지 않아도 느낄 수 있는, 긴장과 경계가 눈 녹듯 풀어지는 순간이 있다. 이는 선교에 있어서 정말 극적인 순간이기도 하다. 그런 관계로 발전하게 된 것만으로도 감사가 넘쳤다. 막 집을 나서려는데 햇볕에 검게 그을린 이장님이 수줍게 말씀을 건네셨다.

"혹시 뭍으로 나가시는 거면, 제가 배로 직접 모셔다 드려도 될까요?"

우리는 너무 감사하다며 흔쾌히 그 제안을 받아들였다. 안 그래도 광주에 늦지 않게 도착하려면 사선을 빨리 구해 나가야 했던

뭍까지 우리를 태워 주신 이장님의 사선

82

참이기 때문이다. 우리는 생각지도 않던 이장님의 배에 올라 남성항으로 향했다. 쌀쌀한 날씨와 바닷바람에 일행 모두 엄청난 추위를 느꼈지만, 모두 서로를 바라보며 행복하게 웃고 있었다.

뭍에 도착해 사선을 태워 주셔서 감사하다며 수고비를 드리려 하자 이장님은 손을 내저으며 절대 안 받겠다고 사양하셨다. 그리고는 남자답게 배를 돌리더니 손을 흔들며 작별을 고하고는 환하게 웃으며 섬으로 돌아가셨다. 우리는 말하지 않아도 그분의 마음을 이심전심으로 느낄 수 있었다.

종일 우리를 안내하고 궂은일을 맡아 도와주신 이정환 선교사님과 작별하고 직원들과 광주로 향했다. 벌써 달이 환히 보이는 어두운 밤이 되었다. 오랜 기간 교회에 나가지 않던 한 직원이 차 안에서 이런 말을 했다.

"예전에 다니던 교회를 안 나가게 된 이유가 참 이해할 수 없는 목회자와 성도들 때문이었는데, 여기 섬 교회의 목사님과 성도들을 보니 이런 분들이 목회하는 교회라면 정말이지 다시 다니고 싶어요, 원장님."

나는 정말로 기뻤다. 매일 얼굴을 마주하는 직장 동료지만 가까이에서도 전하지 못했던 주의 사랑과 감동을 이 먼 곳까지 와서 전하는 역설적인 기쁨과 역사를 경험하게 되었으니 말이다. 모두 지쳐 있었지만, 이 먼 곳까지 쫓아와 봉사로 섬긴 우리 직원들이 그 어느 때보다도 예쁘고 사랑스러워 보였다.

그리스도의 마음을 배우게 한 금일도 1

새해 첫 번째 달, 마침 행복한 생일 아침에 사랑하는 아내와 아들 그리고 귀한 두 명의 간호사와 금일도행 철부선에 함께 올랐다. 나를 완도군의 섬들과 사랑에 빠지게 해 주신 금일제일교회 양승배 목사님의 요청으로 방문하는 길이다. 금일도는 두 개의 작은 의원도 있고 여객선도 많아 상대적으로 접근성이 좋은, 비교적 살기 좋은 섬이다. 하지만 이 작은 섬 안에서도 마을과 형편에 따라 경제적 명암의 차이는 분명히 존재한다. 특별히 의료 접근도가 떨어지는 마을을 중심으로 금일도의 세 마을을 섬기기로 했다.

아침부터 사랑하는 이정환 선교사님과 양승배 목사님 내외와 금일제일교회에서 모임을 가졌다. 하루를 기도로 계획한 후 따뜻한 차를 대접받고 의료 봉사를 시작했다. 처음 방문한 곳은 섬 내에서 한참을 달려 다시 연육교를 건너야 닿을 수 있는 '소랑도'라는 아주 작은 섬이었다. 광주의 한 교회에서 전도사로 사역하던 여 목사님이 새로 오셔서 활력이 느껴지는 아름다운 섬이었다. 실은 두 번째 방문이었다. 처음 금일도를 방문했을 때 이 섬 부두 옆 갯바위에서 한 시간 동안 낚시를 하면서 혼자 일곱 마리의 물고기를 잡았던 행복한 기억이 있는 반가운 섬이었다. 그날 일행에게 시종일관 '박태공'이라는 찬사를 받다가 옆에 있던 아내가 단번에 큰 문어를 낚아 올려 1등 낚시꾼의 자리를 박탈당한 처절한 패배의 장소이기도 했다.

짐작하겠지만 장시간 지속되는 의료 봉사는 사실 고된 노동이다. 진료라 하면 왠지 정신 노동일 거라 생각할 수도 있지만, 바닥에 쭈그리고 앉아 어르신들의 신체를 검진하고 초음파 영상은 물론 익숙하지 않은 자세로 주사까지 놓아 드려야 하기에 육체적으

이날은 고맙게도 아들이 동행하여 봉사를 도왔다.

로 쉽지 않은 일이다. 그래서 그날은 병원에서 이동식 침대, 접이식 의자 그리고 초음파 선반까지 모두 챙겨 갔다. 그날 세 마을을 합쳐 70명이 넘는 어르신을 진료하고 주사를 놓아 드렸는데, 준비해 간 침대와 의자가 예상보다 큰 도움이 되었다. 특히 옆에서 시술을 보조하느라 늘 웅크리거나 무릎을 꿇은 채 어시스트를 하던 간호사들도 한결 일이 편해졌다고 해서 기뻤다.

이렇게 진료를 마친 후 배를 타고 뭍으로 나와 다시 두 시간 반 동안 운전을 하고 집으로 돌아오는데, 이때는 행복한 마음만큼이나 지치고 무거운 몸을 얻어 돌아오게 된다. 게다가 직원들은 광주에서 집까지 다시 30여 분을 또 운전해서 가야 하기에 더 안쓰럽고 고맙기 그지없다. 나는 원해서 하는 일이지만, 매달 반복되는 고된 봉사를 행복한 얼굴로 매번 따라 주는 직원들에게 깊은 감사와 동료애를 느끼게 된다. 섬 의료 봉사는 이렇게 고되지만 많은 기쁨과 보람을 안겨 주는 일이다. 우리를 격려하며 감사를 전하는 마을 어르신들과 각 교회의 목사님 내외분들을 통해 많은 힘을 얻고 행복감을 전해 받는다.

하지만 봉사가 늘 행복한 것만은 아니다. 이를테면 이런 일이 있었다. 앞서 이야기했듯이 섬을 오가는 철부선 시간에 맞추어 하루 세 곳의 마을을 오가며 중간에 왕진까지 포함해서 70-80명의 환자를 진료하는 것은 생각처럼 쉬운 일이 아니다. 아주 빠듯한 시간 내에 체계적으로 진행해야만 가능한 일이다. 그래서 의료 봉사를 진행하고 돕는 분들은 섬 주민들에게 연락해서 마을 회관에 미리 모여 기다려 주시기를 부탁한다. 그런데 꼭 진료가 끝날 무렵, 모든 진료 도구나 세팅을 다 정리하고 이동을 준비하려는 찰나에 늦게 와서 진료를 부탁하는 분들이 있다. 그럴 때는 대개 짐을 다시 풀고 그분들의 부탁에 응하여 진료를 해야 한다.

금일도 신평리 노인 회관

그날따라 섬에서는 비교적 젊은 축에 속해 보이는 여성분과 연세 있는 여성분이 거의 마칠 때쯤 와서 두리번거리며 진료를 원하는 것처럼 보였다. 그래서 진료를 받을 것인지를 묻자 연세 있는 분이 그렇게 해 주면 고맙겠다고 하셨다. 우리는 다시 모든 짐을 풀고 진료를 시작했다. 그때 뒤에서 기다리던 젊은 여성분이 우리에게 묻지도 않고 누군가에게 전화를 걸어 빨리 진료를 받으러 오라고 재촉했다. 이에 직원들은 이미 시간이 지체되었고 이어서 왕진까지 가야 하는 상황이라 지금 오시는 분은 배를 놓칠 수 있어 진료가 힘들다고 설명하며 만류했다. 그러면서 그 여성분에게 본인은 지금 진료를 받을 것이냐고 묻자 이렇게 대답했다.

"그냥, 하는 거 봐서 하려구."

순간적으로 깊은 짜증이 났다.

"아니, 늦게 와 가지고 정말….."

나도 모르게 이런 말을 하며 방을 박차고 나와 버렸다. 아내와 직원들에 의하면, 내가 나간 후에도 그분은 미안해하는 기색은커녕 우리 등 뒤에 대고 계속 불편한 이야기를 늘어놓았다고 한다. 나는 마을 회관을 나와 바다 공기를 쐬며 분을 삭여야 했다. 이런 기분에 오래 갇혀 있으면 다음 진료에도 영향을 미칠 뿐 아니라 특히 환우에게 좋지 않기 때문에 다시 마음을 다잡고 다음 봉사에 나섰다.

섬의 언덕으로 허름한 골목길과 계단을 한참 올라 조그만 구옥으로 들어갔다. 방 안에는 노환으로 치아가 한 개밖에 남지 않은, 병색이 완연한 어르신이 누워 계셨다. 집 안에는 소변 냄새가 가득했는데, 어르신의 주거 상황과 위생이 말이 아니었다. 사실 재활의학과 전문의들에게 이러한 상황은 실로 참 익숙한 편이다. 뇌졸중 등으로 인한 마비로 대소변을 받아 낼 만큼 중증인 환우를 많이 돌보고 치료해 보았기 때문이다. 하지만 나를 따라나선 아내와 아들 그리고 직원들은 쉬이 방 안으로 들어오지 못하고 문밖에서 기다렸다. 이러한 상황을 충분히 이해할 수 있었다.

나는 안으로 성큼 들어가 어르신의 상태를 살피고 몇 가지를 여쭈었다. 예상과는 달리 어르신이 많이 위약해져서 그렇지 벽을 잡고 간신히 일어서는 것까지 가능한 것을 확인했다. 하루 종일 누워 계시는 이유를 여쭈었다. 골반의 통증 때문에 꼼짝도 못 한다고 하셨다. 준비한 이동식 초음파로 고관절 부위를 검사해 보니 고관절 주변의 심한 석회성 염증으로 인한 통증이 어르신을 점점 쇠약하게 만들어 가고 있었다.

다행히 빠른 시간 안에 초음파 영상을 통해 문제를 찾고 통증 부

고관절 주변에 발생한 석회성 염증을 주사를 놓아 치료하였다.

위에 주사를 놓아 석회를 녹인 후 소염 주사까지 시행했다. 하루 이틀만 지나면 곧 일어나실 거라는 확신이 들었다. 왕진은 늘 이렇다. 도움이 필요한 분들의 댁을 방문하는 것은 작은 어려움이 있지만 특별한 깨달음과 행복을 준다.

골목을 따라 내려와 다음 마을로 향했다. 신평리 마을 회관이었다. 도착했더니 이미 신평교회 목사님 내외분께서 번호표까지 마련해 순서를 정하고 잘 준비된 상태로 진료를 도와주셔서 30여 명 이상을 수월히 진료할 수 있었다.

아침부터 저녁까지 순식간에 세 마을의 진료를 마치고 이정환 선교사님의 배웅으로 노을이 지는 바다를 향해 육지행 철부선에 몸을 다시 실었다. 그런데 약 20여 분을 운행하는 배 안에서 낮의 불편했던 기억이 다시 떠올랐다. 특히 젊은 여성분이 했던 말이었다.

"그냥, 하는 거 봐서 하려구."

다시 생각해도 불쾌하고 어이없는 말임에 틀림없었다. 그런데 문득 주님이 이렇게 질문하시는 듯했다.

'아들아, 너는 여기에 온 이유가 뭐니? 너는 여기에 대접받으려고 왔니? 원장님 소리 듣고 고맙다는 말을 들으려 여기까지 온 거니?'

나는 아무 대답도 할 수 없었다. 그 질문 하나에 내 모든 민낯을 들킨 것 같은 부끄러움이 밀려왔다. '나는 너를 위해 십자가를 지고 조롱과 무시와 갖은 모욕을 당했건만, 너는 그 한마디가 그렇게 참기 힘들었니?'라고 말씀하시는 듯했다. 깊은 부끄러움이 들었다. 내가 이곳까지 봉사를 온 이유는 단 하나여야 했다. 이 소외된 섬의 주민 단 한 명에게라도 도움과 사랑을 전했을 때 그것이 섬의 지역 교회와 연결되어 그가 그리스도 앞으로 나아올 수 있다면 그것으로 만족해야 했다. 하지만 나는 여전히 의사라는 완장을 차고 섬김 받음과 감사와 칭찬만을 기대했던 것이다. 준비되지 않은 발가벗은 모습과 나는 나의 의를 내려놓지 못한 속된 모습에 한없는 후회와 부끄러움이 밀려왔다.

우리는 가끔 겉모습만으로 자기 자신이나 타인을 평가할 때가 있다. 하지만 아파도 그 대상에 가끔 생채기를 내 보면 그 진면목을 알 수 있을 때가 있다. 겉은 아름다워 보여도 그에게 상처를 냈을 때 흘러나오는 면모가 실제로는 그 안에 가득할 터이니 말이다. 안에 고름이 가득한 사람은 아무리 포장지가 예뻐도 고름이 나올 것이다. 하지만 겉은 화려하지 않더라도 그리스도의 향기가 가득한 사람은 도리어 그 상처를 통해 다른 이를 행복하게 하는 향기가 퍼져 나올 것이다.

나는 상처라고 하기도 힘든 작은 찔림에 나의 냄새나는 고름을 발견했다. 내 안에 예수의 마음과 섬김이 가득했다면 나의 반응과 태도는 정반대였을 것이다. 즉, 그 일은 내 안에 그리스도가 없음을 반증하는 부끄러운 자화상이었음을 부인할 수 없었다.

"너희 안에 이 마음을 품으라 곧 그리스도 예수의 마음이니"(빌 2:5).

다음에 다시 봉사를 간다면 조금이라도 기도로 무장하고 나의 능력을 부인하며 현장으로 나가야겠다고 생각했다. 예수님과 섬의 사역자들의 시선처럼 섬의 한 영혼, 한 영혼을 품는 마음으로 영적으로 더 긴장하고 무장하여 진료에 임할 것을 다짐했다. 그러면서 들뜬 마음이 아닌 담대함으로, 그리스도가 주시는 평안을 품고 그곳에 나아갈 수 있기를 기도했다.

"겸손하신 나의 주님, 그 먼 곳에서 가장 가까운 나의 내면을 보게 하시고 회개하게 하시는 주님의 은혜를 찬양합니다. 주께서는 이 땅에 임하실 때 방 한 칸 없이 짐승들이 머무는 마구간에서 말구유 위로 오셨습니다. 우리를 섬기기 위해 가장 낮은 모습으로 오신 당신의 겸손과 낮아짐을 저도 배우고 닮아 갈 수 있기를 원합니다. 풍요와 배부름에 젖은 제가 당신의 낮아짐을 잊지 않고 묵상하며 당신이 이끄시는 삶으로 나아가기를 진심으로 소망합니다."

"내 눈을 돌이켜 허탄한 것을 보지 말게 하시고 주의 길에서 나를 살아나게 하소서"(시 119:37).

그리스도의 마음을 배우게 한 금일도 2

성숙하지 못한 모습으로 마을 주민에게 화를 냈던 곳은 궁항리 마을이었다. 그 사건 이후로 그 마을을 자주 떠올렸다. 첫째는, 나에게 없는 주의 사랑과 오래 참음을 주시기를 진심으로 구하는, 부끄럽지만 귀한 깨달음을 얻은 공간이었기 때문이다. 둘째는, 궁항리 마을에서 마지막으로 왕진했던, 와병 중에 계시던 할아버지가 얼마 지나지 않아 돌아가셨다는 소식을 들었기 때문이다. 그분이 주님을 영접하고 주님 곁으로 가셔서 큰 위안을 얻었었다. 젊고 유력한 사람이 많은 도시보다 이런 소외된 섬의 노인들이 돌아가실 날이 얼마 남지 않아 오히려 더 전도와 선교가 시급하다는 사실을 체감할 수 있었다. 셋째는, 궁항리교회 목사님과 사모님의 그 깊이를 알 수 없는 겸손함과 사랑의 몸가짐이 너무 큰 도전으로 다가와 이분들을 더 깊이 알고 싶었기 때문이다.

하나님께서 의도하셨겠지만, 그 이후로 궁항리교회 목사님 내외분을 자주 만나는 기회를 가질 수 있었다. 오랜 타국 선교사 생활로 인해 사모님의 허리는 심한 변형과 통증을 가지고 있었다. 다행히도 의학적 도움을 드릴 수 있어 이분들을 정기적으로 만나 뵐 수 있었다.

내게는 이들의 소탈함을 읽을 수 있는 한 가지 에피소드가 있다. 어느 날 광주에 위치한 우리 의원을 방문하기 위해 먼 길을 오신 두 분을 아내와 함께 초밥 뷔페에 모신 적이 있다. 즐거운 교제를 나누며 그릇을 비운 목사님께 사모님이 음식을 더 가져다 드시기를 권했다. 즐거운 표정으로 자리를 나선 목사님은 그릇 가득 양배추와 쌈장을 담아 오셨다. 이를 본 우리는 모두 폭소를 했다. 아니, 1년에 몇 번 오기 힘든 뷔페에서 다른 것도 아니고 양배추를 담아 오신 것이다. 하지만 섬에서 쉬 먹기 힘든 양배추라 이게 드시고 싶었다고 말씀하시는 그분의 눈망울을 보며 욕망마저 소탈한 이분의 천국의 미소를 엿볼 수 있었다.

이렇듯 늘 조용하고 삼가시는 두 분은 진정 하나님의 사람이었다. 말보다는 기도와 섬김이 몸에 밴 분들, 무엇을 대접받기보다는 먼저 내어 줄 분들이었다. 도시에서 만나기 힘든 이들의 태도와 낮은 자세는 나에게 오히려 그들이 이른바 대형 교회의 어떤 목회자보다도 주 앞에서 더 귀한 자들로 다가왔다. 이런 분들을 홀대하는 것은 주의 천사를 박대하는 것과 다름없다는 생각이 내 안에 자리 잡았다. 앞서 궁항리 마을 회관에서 있었던 작은 상처가 오히려 이 교회와 마을에 더 깊이 관심 갖게 했다. 그들을 기억하며 기도하게 하시는 주님의 인도 방식에 또다시 놀랐다.

그러다 코비드19로 인해 완도군 낙도를 향한 의료 봉사가 전면 중단되기에 이르렀다. 이제 막 속도가 붙고 돕는 분들과 손발이 맞아 가는 시간이었지만 주님은 우리에게 긴 쉼표를 갖게 하셨다. 의사로서 또 신앙인으로서 코비드19에 발이 묶이고 마스크로 입과 코를 가린 채 많은 생각을 했다. 코비드19를 통해 사회와 교회 그리고 나에게 말씀하시는 바가 무엇일까?

> "손에 키를 들고 자기의 타작 마당을 정하게 하사 알곡은 모아 곳간
> 에 들이고 쭉정이는 꺼지지 않는 불에 태우시리라"(눅 3:17).

말씀을 이루시는 과정이 아닐까 생각했다. 어려움과 환난을 통해 주님 앞에 진정한 자와 어설픈 자를 구분하시는 과정이 아닐까? 나 같은 어설픈 자들이 자신을 돌아보며 주 앞에 다시 돌아오는 은혜를 구할 기회를 주시는 것은 아닌지 깊이 반성하게 되었다. 특히 섬의 순수하고 청빈한 사역자들을 보고 많을 것을 누리면서도 더 많은 욕망에 시달리며 사는 나의 모습을 돌아보며 뉘우치게 하시는 주의 호통을 의식하게 되었다.

2020년, 나는 늘 가정을 열고 가까이 교제하는 광주동부교회 담임인 강현철 목사님 가정과 광주동명교회에서 부목사로 사역하다가 익산 북일교회에서 담임으로 섬기게 된 이진 목사님 가정

과 함께 여름휴가를 계획했다. 금일도 동송성결교회의 배려로 교회 2층에 마련된 넓고 훌륭한 게스트하우스를 전진 기지 삼아 2박 3일의 휴가를 가질 수 있었다. 코비드19 사태로 육지의 그 어느 곳도 안전하지 않았다. 하지만 우리는 해변에 아무도 없는, 청정 지대인 금일도에서 코비드19를 잊고 천국 같은 휴가를 보낼 수 있었다.

그런데 이 꿈 같은 휴가를 마치고 집으로 향하는 길에 안타까운 소식이 들려왔다. 교회 뒤편의 산에서 태풍과 폭우로 토사가 흘러 내려 궁항리교회가 큰 어려움에 처했다는 소식이었다. 매년 큰비만 오면 토사가 흘러내려 연례행사처럼 어려움과 위험을 겪고 계신다고 했다. 인명 피해가 없어 다행이었지만 정말 난감한 일이었다. 일행 모두 안타까워했다. 이후 우리는 그 일을 잊은 듯했다.

몇 주 후, 광주동부교회 강현철 목사님께 전화가 한 통 걸려 왔다. 전에 금일도에서 수해로 큰 피해를 입은 교회가 어디였는지를 다시 물으셨다. 나는 궁항리교회임을 기억했고, 다시 완도군 순회 선교사인 이정환 선교사님께 현재 궁항리교회의 상태와 향후 계획 등을 문의했다. 선교사님에 따르면 현재 흘러내린 토사를 포대에 담아 임시로 쌓아 놓은 상태인데, 며칠 후 다시 태풍이 예보되고 있어 걱정스럽다고 하셨다. 또 매년 반복되는 일로, 그대로 두었다가는 교회가 토사에 깔릴 수도 있어 인명 피해가 우려된다고 하셨다. 나는 이 내용을 강 목사님께 전하면서 같이 도울 방법을 찾아보자고 했다.

참 놀라운 점은 수해를 겪고 있는 이웃을 돕고자 하는 강 목사님과 조 사모님의 생각이었다. 그 이유는, 우리와 여름휴가를 떠나기 일주일 전부터 여름 장마와 태풍 등으로 인해 강 목사님 교회와 목양실에 폭포같이 물이 새고 있었기 때문이다. 천장에서 새는 비와 지하에서 새어 올라오는 물로 침수를 겪으며 많이 지쳐 있는 데다가 비용을 걱정하던 강 목사님 부부였다. 어떤 비용이 마련되면 본인이 담임으로 있는 교회를 먼저 보수하기 마련인데, 오히려 수해를 입은 다른 지역을 도울 모금을 주일 예배에 공표하고 그 지역을 찾고 있다는 것이 너무 놀랍고 존경스러웠다. 남보다 다른 이를 먼저 돌아보는 그들의 자세 앞에 나는 또 한 번 깊은 존경심과 배움을 갖게 되었다. 자주 만나 교제를 나누는 정말 가까운 친구 사이였지만, 그들의 결정은 과연 그리스도인다운 모습이었다.

그 이후 더 놀라운 일이 계속되었다. 우선 궁항리교회 공사비의 마중물이 되기를 원하며 우리 부부가 적은 헌금을 드렸다. 이어 광주동부교회 성도들의 작은 정성이 조금씩 모이고 모여 두 주 만에 300만 원의 수해 돕기 성금이 모아졌다. 적지 않은 금액에 강 목사님 내외와 우리 부부는 주의 돕는 손길을 강렬히 경험하게 되었다. 한 사람의 독지가가 거액을 투척해 쉽게 공사를 하는 것도 좋겠지만, 주의 능력으로 작은 정성이 모이고 흘러들어 주의 뜻을 이루는 역사가 더 바람직하고 아름답지 않을까 생각한다.

그 후 코비드19로 인해 매일 말씀 묵상과 예배 영상을 온라인으로 업로딩하고 있던 강 목사님 교회로 일면식도 없는 한 분이 찾아왔다고 한다. 그분은 흰 봉투에 10만 원을 담아 내밀며 모금 중인 수해 돕기에 꼭 써 주면 좋겠다는 말을 남기고 사라졌다고 한다. 우리는 헤아릴 수 없는 하나님의 일하시는 방식에 다시 한 번 놀라지 않을 수 없었다.

이 모든 금액을 모아 궁항리교회에 전달하려고 하던 찰나에 내가 섬기는 광주동명교회의 담임이신 이상복 목사님이 갑자기 문자를 보내셨다.

"집사님, 코로나와 무더위 속에 어떻게 지내시는지요? 집사님께서 작은 교회들을 위해 열심히 봉사하신다고 들었습니다. 저희 광주동명교회 여전도회에서 태풍 피해 교회를 위해 100만 원을 헌금했는데 필요한 교회를 알고 있는지요? 연락 바랍니다. 평안을 빕니다. 이상복 목사 드림."

나는 다시 깜짝 놀라고 말았다. 나는 금일도 궁항리교회가 있다고 말씀드리며 참고하시라고 피해 사진을 문자 메시지로 보내 드렸다. 목사님께서 바로 전화를 주셔서 자초지종을 설명해 드렸다. 사정을 들은 목사님은 장로님들과 당회에서 결정해 알려 주겠다고 말씀하셨다. 나는 또다시 하나님의 손길을 느꼈다. 그리고 며칠 후, 광주동명교회 여전도회의 이름으로 궁항리교회에 또다시 100만 원이 전해졌다는 소식을 들었다. 하나님과 돕는 손길들을 떠올리며 감사와 찬양의 기도를 드리지 않을 수 없었다.

그러고 나서 며칠 후, 궁항리교회 목사님 내외분이 치료를 위해 병원을 방문하셨다. 깊은 감사를 표하면서 여전히 부족한 공사비에 기도가 더 필요하다고 하셨다. 그런데 다시 며칠 후, 이정환 선교사님을 통해 또 다른 소식이 들려왔다. 생각지도 못한 곳에서 헌금이 몰려들어 큰 금액이 모였다는 것이었다. 궁항리교회를 섬긴 이들을 보며 또다시 감동하지 않을 수 없었다. 광주, 서산, 서울 그리고 미국까지 하나님의 지경과 이 땅을 다스리시는 방법은 우리의 생각과 능력을 정말 초월한다. 그분이 아끼고 사랑하는 자들을 입히고 먹이고 보호하시는 능력을 찬양하지 않을 수 없었다.

사실 730만 원이 모인 시점에 이정환 선교사님과 한번 통화를 나눈 적이 있었다. 그러면서 남은 금액을 지불할 테니 공사를 시작하면 어떨지를 제안한 적이 있었다. 하지만 이 선교사님은 하나님의 사람이라 예지력이 있으신 것일까? 제안은 너무 고맙지만 왠지 하나님의 돕는 손길로 이 금액이 모두 채워질 것 같으니 추석 전까지 기다려 보자고 하셨다. 맞는 말이었다. 하나님이 하시고자 하면 내가 없어도 충분히 이루시고 남을 일이었다. 어쩌면 이것은 나의 믿음이 부족한 것일 수 있으며, 그분의 영광을 가로채는 행동일 수도 있다는 판단이 들었다. 나는 기쁜 마음으로 이 선교사님과 함께 주의 일을 지켜보기로 했다.

아니나 다를까, 그로부터 일주일 후 낙도선교회의 200만 원의 후원금과 함께 모금액은 930만 원에 다다르게 되었다. 이 선교사님과 나는 기뻐하며 이 소식을 주변의 기도 후원자들에게 나누었다. 그런데 늘 가까이 교제하던 이진 목사님께서 갑자기 나머지 금액을 헌금하겠다며 내 통장에 상의도 없이 송금을 해 버렸다.

그 사정은 이렇다. 광주동명교회에서 사역을 마친 후 퇴직하고 익산 북일교회 담임으로 부임하는 와중에 퇴직금을 받았는데 그 십일조를 좋은 일에 쓰고 싶어 기도하고 계셨다고 한다. 그런데 강 목사님, 이 목사님, 우리 내외로 이루어진 단체 카톡방에 올린 궁항리 축대 공사 후원금 접수 현황을 보고는 그 금액을 고민 없이 내 통장에 보내신 것이다. 그렇게 이 신실하고 축복받은 이진 목사님 가정을 통해 우리는 공사비를 모두 채우게 되었다.

이 공사비를 기도하고 모으며 그 어떤 봉사보다도 많은 은혜와 주의 능력을 목도하게 되었다. 우리 세 가정이 단순히 사적 교제만을 이루어 온 것이 아니라, 늘 모여서 주의 일을 같이 고민하며 말보다 행동으로 교회와 이웃을 섬기는 모습을 발견한 것도 정말 기뻤다. 또한 광주부터 미국까지, 당신의 사람들을 들어 쓰고 위로하시는 주의 능력의 손길도 발견하게 되었다. 코비드19로 인해 위축되어 봉사의 끈을 놓칠 것 같던 낙도의 사역자와 봉사자들을 향해 어려움 가운데도 낙심하지 말고 선을 행하라고 격려하시는 듯했다.

낙도를 섬기는 것은 내게 고행이 아니라 축복이고, 천국을 경험하는 아름다운 여정이다. 한국 교회가 여러 가지 어려움을 겪고 있고, 또 더 어려워질 것이라고 한다. 하지만 그럴수록 교회와 성도들은 본연의 일인 이웃을 사랑하고 섬기는 일에 더 집중해야 할 필요가 있다고 믿는다. 그렇게 묵묵히 사회를 돕고 설득하며 주의 향기를 드러내는 것만이 형식과 이념에 발목이 잡힌 교회에 살아 있는 생명력과 진실한 내용을 되돌려 줄 것이라고 감히 확신하기 때문이다.

마음 아픈 섬과 교회 이야기

완도는 이른 봄이지만 벌써 긴 소매 옷을 입고 걷기만 해도 땀이 날 만큼 따뜻한 햇살이 가득했다. 이정환 선교사님과 도착한 섬은 작은 크기로, 마을 큰길을 따라 오가는 시골 주민 모두가 반가운 눈인사를 건넸다. 그 섬의 교회는 비교적 섬의 꼭대기라 할 만큼 높은 곳에 위치해 있었다. 교회에 다다르니 약간 숨이 찰 정도였다. 그런데 섬의 첫인상과 달리 그 교회의 목회자 부부는 사뭇 다른 느낌을 전해 주었다. 동행한 이정환 선교사님의 소개에도 불구하고 그분들은 나를 아래위로 훑어보며 이렇게 말씀하셨다.

"생각보다 젊은 양반이 왔네."

당황스러움을 감추기 힘들었다. 환대를 기대한 것은 아니었다. 그래도 해당 섬의 어르신들을 진료하기 전에 지역 교회의 목회자를 만나 동의와 공감대를 얻은 후 의료 행위를 하기로 해서 찾아온 참이었다. 몇 가지 안부가 오간 뒤 이 섬에 진료가 필요한 분들이 있느냐는 질문에 이렇게 답하셨다.

"이 섬에 그런 사람 없어요. 다들 자기 발로 걸어 다니고… 뭐 별로."

이정환 선교사님도 당황해서 말씀을 덧붙이셨다.

"원장님이 소외된 섬 주민들을 치료하겠다고 광주에서 초음파까지 다 챙겨서 오셨어요. 여러 사람 진료 안 해도 되고, 누워 계셔서 병원에 찾아가기 힘든 분이 있으면 왕진할 작정하고 오신 건데, 진짜 그런 분이 없나요?"

그러나 답변은 같았다. 그래서 이 섬의 다른 주민들에게는 어떤 의료 서비스가 필요한지를 물었더니 이런 답변이 돌아왔다.

"뭐, 마사지 있잖아. 도수치료 뭐 그런 거. 주물러 주면 좋아하지, 주민들이. 또 영양제 달아 주면 좋다고 할 거야."

도시에서도 받기 힘든 전문적이고 영상에 근거한 수준 높은 진료를 해 주려고 장비며 여러 가지를 챙겨 온 나였다. 그런 나에게 주민들에게는 마사지나 해 주고 영양제나 달아 주면 된다는 말이 몹시도 불편하게 다가왔다. 하지만 유난히 부정적인 태도로 일관하는 까닭이 궁금해지기도 했다.

그러던 분이 갑자기 울분을 토해내듯 최근 소수의 마을 주민들로 인해 얼마나 속상한 일이 있었는지를 털어놓으셨다. 섬을 위해 헌신적으로 봉사하고 섬겼는데 자신에게 돌아온 것은 비난과 깊은 상처뿐이었다는 안타까운 내용이었다. 그제야 왜 그분이 그토록 우리에게 냉소적이고 다소 무례한 태도로 일관했는지를 알아차릴 수 있었다. 다른 이로부터 받은 해결되지 않은 감정과 영적 상태가 바로 우리에게 그대로 투사되었던 것이다. 그분의 이야기를 경청하며 그 섬에 필요한 것은 그 어떤 사역이 아니라, 그분을 위로하고 주님께서 깊이 회복시켜 주시도록 기도하는 것이 급선무라는 판단이 들었다. 다년간 선교 사역을 해 오신 이정환 선교사님이 긴 이야기를 경청한 후 이런 말씀을 남기셨다.

"저도 겪었고, 이 섬에서 사역하는 모든 목회자도 겪었고, 현재도 겪는 일입니다. 얼마나 아프고 힘드신지 잘 이해합니다. 그러니 빨리 털어 버리고 다시 시작하셔야 합니다. 저희도 같이 기도하겠습니다."

하지만 그 후에도 그분의 한 맺힌 이야기는 계속되었다. 입장을 바꾸어 생각해 봤다. 도시와 달리 그곳은 시골 중에서도 섬으로 한정된 정말 작고 좁은 마을이고 공동체다. 도시에서는 목회자가 본인 교회의 성도들을 중심으로 사역하면 되지만 그곳은 다르다. 믿지 않는 섬 주민들도 품어야 하고, 때로는 갖가지 마을 일에 원하든 원치 않든 관여하거나 관여를 요청받을 수밖에 없다. 그러다 보면 당연히 오해와 비난을 사는 경우가 발생하게 된다. 이런 일들은 섬에서 사역하는 목회자들이 겪는 숙명과 같다는 생각이 든다. 이정환 선교사님의 표현을 빌리면, 섬 사역은 말 그대로 '선교'와 같다. 말은 통하지만 섬의 특수성을 이해하지 않고 사역하면 얼마 버티기 힘든 곳이라는 뜻이다.

처음으로 행한 섬 의료 사역을 위한 혼자만의 가벼운 행보였지만 그곳에서 여러 가지 깨달음을 얻었다. 선을 행하되 낙심하지 않기 위해서는 열정과 재주만으로 되는 것이 아님을 깨달았다. 사람을 향한 진정한 이해는 이론이 아닌 몸으로 부대끼며 깨달아야 한다. 대접과 환대보다는 상처를 품고 껴안을 준비를 하는 선교사적인 마음가짐이 필요하다. 나는 멀리서 찾아온 전문직 의사로서 섬 어디를 가도 환대와 감사를 받을 것으로 예상했는지 모른다. 하지만 주의 사랑이 필요한 그 섬의 소외된 이들 모두 저마다 사연과 웅어리가 가득한 상처받은 영혼들일 것이다. 그 섬을 위해 무릎이 닳도록 기도하는 목회자도 쉬 감당하기 힘든 일인 것이다. 말보다 그들을 있는 그대로 포용하고 섬기는 자세를 갖추기에는 나의 신앙과 내공이 한참 부족함을 절감했다. 나 같은 이방인은 상상도 하기 힘든 삶과 희생의 무게일 것이다. 그래서 마을 회관에 모인 주민들을 만나러 같이 언덕 아래로 내려가기를 고사하는 목회자 부부를 뒤에 남겨 두고 교회를 나섰다. 이 선교사님과 나는 무거운 마음으로 언덕을 내려가며 기도했다.

"주여, 이 섬의 귀한 사역자 부부를 깊이 위로하여 주십시오. 사탄의 교활한 이간질을 속히 멈추어 주십시오. 이 섬에서 주의 이름이 귀히 여겨지고 그리스도가 칭송받게 되기를 원합니다. 주님, 이 섬을 긍휼히 여겨 주십시오. 당신의 은혜가 필요한 많은 자녀와 사역자가 있나이다."

섬 언덕 위의 외롭고 아픈 교회를 내려와 항구 바로 옆의 마을 회관에 들어갔다. 다행히 많은 어르신이 모여 있고, 너도나도 진료를 받고 싶어 하시는 분위기였다. 간단한 소개를 한 후 어르신들의 팔과 다리, 허리 등을 더듬으며 필요한 진료를 시작했다. 차분히 40여 명을 진료했다. 역시 섬에서 바다 일과 농사일로 여기저기 불편한 부분이 없는 분을 찾기가 힘들었다.

진료가 끝날 무렵, 이정환 선교사님이 마을 어느 댁에 꼼짝도 할 수 없어 왕진이 필요한 분이 있다는 사실을 전해 주셨다. 허리가 너무 아파 식사도 누워서 하고, 배를 타고 나갈 수도 없어 집에만 누워 계시는 어르신이 있다는 소식이었다. 교회에서 들은 이야기와는 달랐다. 우리는 진료를 신속히 마치고 이어 그 집으로 향했다.

아담한 양옥 거실에 몸을 뒤집는 것도 간신히 할 만큼 불편한 분

허리가 아파서 꼼짝을 못 하는 주민을 왕진했다.

이 누워 계셨다. 다행히 허리 디스크 증상은 아니었고, 급성 허리 통증만 있어 잘 치료하면 호전될 수 있는 상태로 보였다. 초음파로 허리 상태를 검사하고 정확한 부위에 신경 차단술을 해 드렸다. 주사 후 바로 좋아졌다는 대답을 얻고 그 집을 나섰다. 다시 돌아가는 배 시간에 쫓겨 서둘러 항구로 향했다.

언제 다시 올지 모를 섬이었지만 마을 회관에서 어르신들에게 약속했다. 꼭 다시 오겠다고 말이다. 아픔과 상처가 가득했던 언덕 위의 교회를 기억하며 기도했다. 뒤를 돌아보니 섬 정상 즈음에 교회의 십자가가 보였다. 그리고 이어서 그곳에 남아 계신 그리스도가 마음속에 겹쳐 보였다. 나는 떠나지만 주님께서는 여전히 남아서 교회와 목회자 그리고 섬 주민들을 돌보실 것이다. 그렇게 나는 잠시나마 그리스도의 아픔을 엿볼 수 있었다.

도시의 진료실에서는 경험하거나 상상하기 힘든 섬살이의 현장을 실감하고 돌아간다. 왜 주님이 나를 이 머나먼 섬들까지 매번 인도하시는지를 조금씩 이해해 가는 듯하다. 그 이유는 아마도 그리스도의 마음은 풍요에 익숙해 주가 필요하지 않은 자들이 아니라, 늘 이렇듯 소외되고 상처받아 주를 간절히 찾는 영혼들을 향해 있기 때문일 것이다.

돌아가는 배에서 찍은 사진을 보니 입고 갔던 반팔 티셔츠가 땀으로 모두 젖어 있었다. 시간에 쫓기고 집중하느라 알지 못했는데 진료하느라 체력 소모도 상당했던 것 같다. 아마도 직원들의 도움

없이 준비부터 진료 및 정리까지 모든 것을 혼자 하다 보니 평소보다 두세 배는 더 힘들었던 듯하다. 배가 항구에 닿으면 다시 두 시간 반을 운전해서 집으로 돌아가야 하지만, 주님이 주시는 마음의 평화와 안식이 내 안에 임하는 것을 깨달았다.

"주여, 저에게 당신의 마음을 조금이나마 읽게 하소서. 당신의 백성을 향한 사랑과 자비를 조금이라도 깨닫게 하소서. 그리고 그곳에 저를 사용하소서."

> "여호와께서 자기 백성의 상처를 싸매시며 그들의 맞은 자리를 고치시는 날에는 달빛은 햇빛 같겠고 햇빛은 일곱 배가 되어 일곱 날의 빛과 같으리라"(사 30:26).

쉽지 않은 일이지만 다음에는 의료 사역을 도울 동료들과 동행해서 꼭 다시 이곳 완도군 섬에 올 것을 다짐했다.

갓난아이처럼 순수한 얼굴을 한 생일도

쌀쌀한 11월이지만 완도의 날씨는 완연한 가을이었다. '금일도' 바로 옆의 '생일도'로 진료를 갔는데, 이 두 섬은 아주 가까운 데다 왕래도 많은 이웃 섬이었다. '금일도'라고도 불리는 '평일도'는 예로부터 외세의 침략이나 수탈을 거의 받지 않고 평안했던 섬이라 하여 '평일도'라고도 불렸다. 그리고 '생일도'는 그곳 주민들의 얼굴이 마치 막 태어난 갓난아이처럼 순수하고 밝은 표정 같다 하여 '생일도'라 명명되었다고 한다.

하지만 금일도와 생일도는 근접한 거리와는 달리 여러 다른 면모를 가진다. 실제로 금일도는 하루에도 거의 30분 간격으로 여객선이 드나드는 비교적 발전된 섬이다. 다시마와 미역, 전복 등의 거래가 전국 최고 수준일 정도로 섬의 경제력도 상당한 편이다. 실제로 섬에는 보건소 이외에도 내과와 통증의학과 의원이 별도로 운영될 정도로 여러 시설을 갖추고 있다. 반면에 생일도는 금일도에 비해 여객선 운항도 경제력도 한참 떨어지는 것이 사실

N

서성항

생령교회

생일면사무소

당숲

▲ 백운산483m

금곡마을
금곡교회　　편백나무숲
　　　　　　　　　　　굴전마을
　　　　　해안갯돌밭　　봉선교회　구실잣밤나무숲
금곡해수욕장
　　　동백나무숲
　　　　　　　용출마을
　　　　　　　　　　　　　　　도용량도
　　　　　　　용출항　소용량도

목섬　　낭도

생일도 지도

이다. 보건 지소만을 갖춘 정도로 의료 접근도가 비교적 떨어지는 섬이다. 하지만 아름다운 풍경과 천혜의 자원을 간직하고 있어 알 만한 이들에게는 보물의 섬으로 알려져 있다.

이 생일도의 여러 곳을 다니며 주로 마을 회관에서 몸이 불편한 어르신들을 진료할 목적으로 소아청소년과 전문의인 아내와 함께 방문했다. 또한 나와 4년 이상 같이 근무한 베테랑 직원들이 손발을 맞추어 주어 훨씬 효율적인 진료를 할 수 있게 되었다.

우선 팀을 나누어 육지의 항구에서 아내와 다른 간호사는 금일도 어린이집 아이들의 발과 체형 검진을 위해 먼저 떠났다. 나와 또 다른 간호사는 생일도행 여객선에 의료 기구를 들고 올랐다.

생일도에 도착한 우리는 먼저 용출길에 있는 봉선교회를 방문

금일도 아이들을 검진하는 아내, 나지현 원장

하여 교회를 축복한 후 김기빈 담임목사님을 만나 봉사 허락을 얻
었다. 교회의 인상이 마치 70-80년대의 교회를 보는 듯했다. 왠지
친근감과 향수를 불러일으키는 과거 한국의 마을 교회를 만난 듯
했다. 교회 강대상 옆에 세워진 찬양 패도는 거의 20년 만에 본 듯
했다. 이제는 교회 박물관이 아니면 만나기 힘든 낡은 물건이다.
교회 벽은 세월을 묶은 오래된 나무의 흔적이 느껴졌다. 그러다
이 선교사님의 안내로 가파른 계단을 올라 2층 다락에 오르게 되
었다.

교회 지붕은 이미 물이 새고 콘크리트가 부서져 철근이 노출되어
있었다. 이러다 붕괴되는 것은 아닌가 하는 걱정이 들었다. 교회 건
축 초기에 비용과 자재가 부족하다 보니 바다의 자갈과 모래를 가

져다가 공사를 진행했다고 한다. 아마도 그 바다 모래의 소금기로 인해 천장이 버티지 못하고 부식되어 부서진 듯했다.

또한 사모님의 무릎이 심상치 않았다. 무릎을 펴지도 못한 채 손님 접대를 하려 절룩이는 다리로 걸어 다니시는 모습이 눈에 들어왔다. 목사님 또한 어깨가 굳어 팔을 살짝 들어 올리기도 힘들어하셨다. 겉으로는 태평하고 밝은 얼굴을 한 목사님과 주민들이지만 이것이 바로 이 섬의 현실이구나 하는 실감이 깊이 자리 잡았다. 우선 급한 대로 두 분을 먼저 치료해 드렸다. 그리고 부족한 치료는 나중에 더 해 드릴 것을 약속했다.

이어서 교회 바로 앞에 위치한 용출리 노인 복지 회관을 방문했다. 어르신들이 미리 기다리고 계셨다. 능숙한 간호사의 도움에 적극적으로 진료를 해 나갔다. 가져간 이동식 초음파로 되도록 모든 분의 근골격 질환을 하나씩 검사하고 영상을 보며 실시간으로 주사 치료까지 해 드렸다. 마을 어르신들의 진료에 대한 반응이 좋고 적극성이 높아 감사한 마음이 들었다. 대부분은 무릎과 어깨, 허리의 통증이었다.

이러한 시골 도서 지방에 어르신들을 주기적으로 돌볼 의사가 더 넉넉히 있으면 얼마나 좋을까 생각해 본다. 그저 병원이나 짓고 의료 기기를 공급한 뒤 알아서 운영하라는 방식의 공공 의료는 내 경험상 쉽지 않다. 또한 모든 인프라가 부족한 지방에서 개인에게 사명감으로 호소하거나 무작정 높은 급여로 의료진을 묶어

생일도 봉선교회 김기빈 목사님의 어깨를 진료하는 모습

두는 것도 도시의 삶을 바라는 의료진들에게는 한계가 있을 것이다. 그렇다면 도시의 전문의가 이러한 섬이나 지역에 주 1회 혹은 2회 정도 파견 근무를 나오는 것은 어떨까? 도시의 병원에서 근무하되 여러 해당 과 전문의들이 날짜를 달리해 필요한 빈도만큼 내려와 진료를 하는 것이 더 현실적인 대안이라고 본다. 그리고 수요에 따라 이를 늘리거나 줄이는 탄력성을 발휘한다면 비용 대비 훨씬 효과적인 시골 및 도서 지방의 공공 의료가 될 수도 있지 않을까 하는 생각을 해 본다.

아무튼 진료를 마치고 생일도 내의 다른 마을인 굴전리 복지 회관으로 향했다. 도시에서 의료진이 왔다는 소식을 들은 어르신들이 삼삼오오 모여 계셨다. 모인 어르신들의 나이를 보니 대부분이 80세 이상으로 70대도 젊은 축에 속하는 듯했다. 모두 비슷한 퇴행성 관절 질환을 앓고 계셨다. 그래도 추운 계절에 마음 놓고 따뜻한 바닥에 기대어 간식을 나누어 드실 수 있는 노인 복지 회관이 참 귀하다는 생각이 들었다. 그곳에서도 약 20여 명을 진료하고 또 다른 진료 일정을 위해 서둘러 나섰다.

　섬을 방문해서 하루에 서너 군데의 노인정 진료를 하는 것은 체력적으로나 시간적으로 쉬운 일이 아니다. 나는 사실 한 번에 여러 군데에서 많은 수의 어르신을 돌보는 진료는 하고 싶지 않았다. 섬에서 육지로 진료 한번 다녀오기 힘든 어르신 몇 분만 직접 찾아다니며 치료하고 대화를 나누는 더 긴밀한 진료를 원했다. 하지만 나의 바람과는 다르게 그곳은 의료 접근도가 떨어지는 곳이었으며, 한정된 시간 안에 많은 분에게 혜택을 드리기 위해 선택한 차선이 바로 이 방법이었다. 나는 이러한 진료 방식이 과연 섬

생일도 용출리 노인 복지 회관

에 도움이 되는 것인지 늘 의문을 가지고 있다. 계속해서 어떤 의료적 접근이 이러한 섬 지방에 가장 적합하고 필요한지 치열하게 고민해야 할 터이다. 그러다 보니 불편한 어르신들을 진료하면 할수록 내 안에 그분들을 향한 죄송함과 봉사 방식의 개선에 대한 책임감이 늘어만 갔다.

그런데 그 많은 어르신 중 무릎도 불편해 보이고 허리도 잔뜩 굽은 고령의 할머님 한 분이 우리 일행을 따라 복지 회관 입구까지 나와 감사를 표하며 끝까지 배웅을 하셨다. 들어가시라는 만류에도 일행의 차량이 멀어지는 순간까지 우리에게 손 인사를 건네셨다. 그 순간 왠지 울컥한 마음이 들었다. 그 할머니를 더 차분히 그

홀로 문 밖까지 나와 감사를 표하는 할머니

리고 한 군데라도 더 돌보아 드리지 못한 죄송함이 밀려왔다. 또한 '이렇게 시간에 쫓기듯이 여러 어르신을 진료하는 게 맞는가?' 라는 회의감도 들었다. 그때 그 할머니를 바라보는데 성경의 한 일화가 떠올랐다. 누가복음 17장 11~19절까지의 내용이다.

"예수께서 예루살렘으로 가실 때에 사마리아와 갈릴리 사이로 지나가시다가 한 마을에 들어가시니 나병 환자 열 명이 예수를 만나 멀리 서서 소리를 높여 이르되 예수 선생님이여 우리를 불쌍히 여기소서 하거늘 보시고 이르시되 가서 제사장들에게 너희 몸을 보이라 하셨더니 그들이 가다가 깨끗함을 받은지라 그중의 한 사람이 자기가 나은 것을 보고 큰 소리로 하나님께 영광을 돌리며 돌아와 예수의 발아래에 엎드리어 감사하니 그는 사마리아 사람이라 예수께서 대답하여 이르시되 열 사람이 다 깨끗함을 받지 아니하였느냐 그 아홉은 어디 있느냐 이 이방인 외에는 하나님께 영광을 돌리러 돌아온 자가 없느냐 하시고 그에게 이르시되 일어나 가라 네 믿음이 너를 구원하였느니라 하시더라."

우리가 그 마을 회관에서 여러 어르신을 치료했지만 밖으로 나와 우리에게 진심에서 우러난 감사와 배웅을 한 어르신은 단 한 분이었다. 나는 예수님도, 선지자도 아니지만 하나님께서는 당신께 감사와 영광을 올리는 이를 기뻐하실 거라는 확신이 들었다. 나는 일면식의 어르신이었지만 이분의 모습을 더듬어 그림으로 남겨 두고 늘 주께 감사를 잃지 않는 삶을 이루어 가리라고 다짐했다.

예수님이 사역하시던 시기의 팔레스타인 지방은 철저히 출신과 종교, 경제력에 의해 지역이 구분되어 있었다. 항상 모든 면에서 선두에 서 있던 남쪽의 유대 지방은 당시 모든 권력과 우월감을 누리는 곳이었다. 이어 북쪽의 한적한 시골에 해당하는 갈릴리 지방은 유대와 같은 민족이기는 하나 모든 면에서 한 발짝 밀려난 곳이었다. 마지막으로 중간에 위치한 사마리아는 소외되고 적극적인 차별을 받는, 열등한 민족이 사는 지역으로 취급을 받던 곳이었다. 그런데 예수님이 갈릴리와 사마리아 중간쯤에서 열 명의 나병 환자를 치유해 주셨을 때 주께 돌아와 감사를 표한 유일한 사람은 사마리아인이었다고 기록되어 있다. 짐작건대 나머지 아홉 사람은 갈릴리 출신의 유대 민족이 아니었을까?

이제 현재의 한국을 돌아보자. 모든 것이 서울과 경기에 쏠림이 심하고 수도권 중심의 구조가 굳어지고 강화되어 가는 형편은 마치 신약 시대의 유대 지방을 보는 듯하다. 또한 중심에서 밀려나 고군분투하고 있는 지방의 모습은 예수님 시대의 갈릴리 지방과 겹쳐 보이는 것이 사실이다. 그렇다면 도서 지방의 소외된 자들은 이 시대의 사마리아인들이 아닐까? 하지만 잊지 말자. 그리스도에게 감사를 표한 자는 사마리아인이었다. 또 주님께서 비유로 말씀하신 강도에게 당한 자를 도운 이도 사마리아인이었다. 부정 탄

"저 섬도 품으러 가야 합니다." - 이정환 선교사

다며 그들과 가까이도 하지 않던 유대인들과 달리 그리스도는 일
부러 사마리아로 방문하여 우물가에 온 여인에게 구원을 전하기
도 하셨다.

과연 이 시대에 그리스도와 가까운 이들은 누구일까? 그분의 구
원에 가까운 자들은 남부러울 것 없는 우월감을 가진 유대인들인
가, 아니면 미천하게 여겨진 사마리아인들인가? 그러면 '우리는
어디에 속한 자'라고 할 수 있는가? 왜 주님은 "예루살렘과 온 유
대와 사마리아와 땅끝까지 이르러 내 증인이 되리라"(행 1:8)라고
말씀하셨을까? 이 시대의 한국에서 사마리아와 땅끝은 과연 어디
일까?

나는 그저 한 무능한 사람이며 생일도에서 만난 어르신들의 질

병을 치유할 능력도 없다. 또한 그런 환영이나 대접을 받을 자격도 없는 죄인일 뿐이다. 하지만 주님은 앞의 구절을 떠올리게 하며 내게 위로를 주시는 듯했다. "네가 아무리 선을 행하고자 노력해도 네게 감사를 표할 사람은 극히 소수일 것이다"라고 말씀하시는 듯했다. 하지만 '네 작은 이웃에게 한 것이 곧 나에게 한 것'이라는 말씀 앞에 잠시나마 위로를 얻으며 주님의 마음을 엿볼 수 있는 시간을 얻었다. 나같이 작은 자에게 감사로 배웅을 하신 할머니와 그 마을이 이 시대의 사마리아처럼 보일지라도 주의 구원이 임한 고을이라는 것을 믿고 또 그리 축복했다. 그리고 내 안에 혹시나 자리 잡은 유대인들의 허영심이 있지는 않은지 돌아봤다. 나는 이 깨달음을 간직한 채 또 다른 마을로 향했다.

3

삶을
예배로

박정욱 원장의 편지

제가 의료 봉사를 위해 생일도 봉선교회를 방문했을 때 교회의 천장이 무너지기 직전이었습니다. 공사 비용을 마련하여 이정환 선교사님과 예전부터 동역해 온 경북 구미의 크리스천 인테리어 사장님들이 품 없이 봉사하고 계시는 모습을 보며 깊은 감격을 느낍니다. 또한 광주동부교회 강현철 목사님이 이끄시는 청년 팀이 눈을 맞으며 성전을 보수하고 리모델링하는 공사를 돕고 있는 모습을 목도하고 돌아옵니다.

생일도 봉선교회 리모델링 봉사로 사역한
광주동부교회 청년들

이미용 봉사로 함께 사역한 광주동부교회 청년들

생일도 봉선교회의 큰 공사가 사고 없이 안전하게 거의 마쳐 가고 있는 듯하여 또 감사를 올립니다. 광주동부교회의 강현철 목사님과 청년 여러분이 2박 3일간 성심으로 공사를 도와주어 정말 큰 도움과 위로가 되었다고 이 선교사님과 김기빈 담임목사님께서 여러 번 말씀하셨습니다.

오늘은 이웃 섬인 금일도교회의 목사님 내외 세 커플이 와서 교회 공사를 도우시는 모습을 목격하고 돌아갑니다. 하나님의 사랑 안에서 서로 돕는 이웃 목회자들의 손길이 참 아름답습니다.

코로나 사태로 정식 진료는 어려웠지만, 공사로 여기저기가 불편하고 아프신 인테리어 자원 봉사 집사님들과 선교사님 그리고 목사님 부부들만 치료해 드리고 돌아오는 길입니다. 저는 잠시 섬에 들러 격려만 해 드렸지만 아름다워진 생일도 봉선교회를 보고 나니 마음이 한없이 행복해집니다. 저희의 무력한 손을 통해 하나님이 이루시는 일을 증거합니다.

이정환 선교사의 편지

"여호와는 너를 지키시는 이시라 여호와께서 네 오른쪽에서 네 그
늘이 되시나니 낮의 해가 너를 상하게 하지 아니하며 밤의 달도 너
를 해치지 아니하리로다 여호와께서 너를 지켜 모든 환난을 면하
게 하시며 또 네 영혼을 지키시리로다"(시 121:5-7).

　사랑하는 원장님, 어찌할 바를 몰라 그저 주님만 바라보는 시간
입니다. 환난 속에서도 주님의 평안을 전하며 안부를 여쭙니다.
　잘 계시지요? 여기는 지난 달 28일부터 완도군 내 모든 경로당
과 마을 회관이 폐쇄된 상황이라 미용 선교와 의료 선교가 취소
되거나 연기된 상태입니다. 아울러 4월부터 계획된 단기 선교 팀
들도 코로나 사태로 연기를 문의해 오고 있습니다. 이처럼 코로
나가 무섭지만, 여기 낙도의 어르신들은 코로나보다 외로움을
더 무서워하는 것 같습니다. 함께 모여 정을 나누고, 이야기꽃으
로 외로움을 달래고, 제대로 된 한 끼 식사의 행복마저도 사라진

상황입니다. 너무 힘들어 몰래 따스한 햇볕이 드는 한 집의 마당에 모여 그 외로움을 가끔 달래곤 합니다.

지난 한 달간은 코로나 사태로 선교 사역이 많이 위축되었습니다. 대면하는 것이 어려워 대부분 전화로 어르신들과 교회들의 근황을 살폈고 꼭 필요한 곳만 직접 찾아뵈었습니다.

먼저, 기도를 요청합니다. 모든 분들의 기도 제목이지만 코로나 사태가 하루빨리 진정되기를 원합니다. 코로나 사태가 진정되면, 연기되고 있는 금○○○교회 교육관 건축을 시작하고자 합니다. 주일학교가 생겨(10명) 교육관이 필요합니다. 교육관 건축을 위해 성도님들이 2년간 유자청을 담가 판매하였고, 부족한 부분은 낙도선교회에서 지원하기로 했습니다. 또 공사에 드는 인건비 절약을 위해 섬 목사님들이 직접 몸으로 헌신을 약속하셨습니다.

다음으로는, 청○○○교회 화장실&샤워장 건축을 위해 기도 부탁드립니다. 3가구(주민 5분, 성도 1분)가 있는 섬인데, ○○도에서 은퇴하신 여 전도사님께서 교역자가 없어 닫혀 있던 장○○교회의 문을 2월 초에 여셨습니다. 그런데 폐가였던 곳이라 손볼 곳이 너무 많습니다. 무엇보다 화장실과 씻는 곳이 필요합니다. 이 또한 코로나 사태가 진정되면 시작을 하려고 합니다.

덧붙여, 서○○교회의 성전 건축과 월○○○교회의 지붕 교체(비 누수)와 소○○○교회의 성전 건축이 당면한 기도 제목입니다.

다들 낡거나 비좁아서 여러 가지 문제가 발생하고 있습니다. 막연하게 보이지만 하나님께서 역사하시는 대로 그 뒤를 따라가고자 합니다.

　마지막으로, 미용 선교와 의료 선교의 속개를 위해 그리고 단기 선교 팀들을 위해 기도 부탁드립니다. 저희 또한 모두를 위해 계속 기도하겠습니다. 주님 안에서 사랑하고 축복합니다.

바람의 땅 금일도에서
등대 3호 이정환, 신영삼 선교사 올림

박정욱 원장의 답장

이 선교사님, 평안과 축복을 전합니다.

생일도 봉선교회가 리모델링 된 것을 보니 저도 정말 뿌듯합니다. 하나님께 기쁨이 되기를 간절히 원합니다. 더불어 섬과 교회에 축복이 있기를 기도합니다.

코로나 대유행이 불가피해 3, 4월 낙도 의료 봉사는 당분간 유예하게 될 듯합니다. 멀리 대구에서 이곳까지 와서 이름도, 빛도 없이 봉사해 주신 인테리어 크리스천 사장님들을 축복합니다. 아무런 이득 없이 교회를 섬겨 주신 이분들을 축복합니다. 어쩌면 이곳 전남 완도군 생일도에서 봉사하면서 대구를 중심으로 퍼져 나갔던 코로나의 위험에서 하나님이 이분들을 지켜 주신 것인지도 모르겠습니다. 수고하신 이정환 선교사님과 광주동부교회 강현철 목사님과 청년들 모두에게 깊이 감사드립니다.

코로나 사태로 저희 병원도 환자 한 분을 볼 때마다 매번 알코올로 손과 침대를 소독하고 있습니다. 당연히 상시 마스크를 쓰고 진료하는 비상 상황입니다. 모두 건강하고 안전하게 이 전염병의 위기를 극복하기를 바라고 기도합니다.

코비드19와 혐오의 시선

동생을 돌보는 형의 모습은 부모를 얼마나 흐뭇하게 하는지 모른다. 우리가 이웃과 형제를 돌보고 사랑할 때 하나님도 흐뭇해하실 거라고 나는 확신한다. 코비드19로 인해 동양인에 대한 차별과 혐오가 난무했던 시기에 이 말씀에서 다시 멈추어 서게 되었다.

"너희가 만일 성경에 기록된 대로 네 이웃 사랑하기를 네 몸과 같이 하라 하신 최고의 법을 지키면 잘하는 것이거니와 만일 너희가 사람을 차별하여 대하면 죄를 짓는 것이니 율법이 너희를 범법자로 정죄하리라 누구든지 온 율법을 지키다가 그 하나를 범하면 모두 범한 자가 되나니"(약 2:8-10).

차별하는 것을 주님이 얼마나 싫어하시는지를 다시 한 번 되새기게 되었다. 주님은 이것을 아주 큰 죄라고 말씀하셨다. 나 또한 외모와 지위, 재력 혹은 출신으로 누군가를 편견으로 대하고 있지는 않은지 돌아보고 회개하며 나아가기를 다짐했다.

남존여비(男尊女卑) 섬 이야기[*]

해 질 녘 섬 바닷가에 한 장정이 뒷짐을 지고 앞서 걷고 있다. 뒤를 따르는 아주머니는 왼손으로 머리에 인 짐을 간신히 붙잡은 채 등에는 젖먹이를 업고 있다. 게다가 철부지 아이에게 나머지 오른손마저 내주고 힘겹게 앞선 사내를 따르고 있다.

이 그림만큼 이 섬의 상황을 잘 설명할 수 있는 방법은 없을 듯하다. 섬의 기구한 사연은 이렇다.

이 섬의 분위기를 여실히 보여 주는 그림

131

이 섬은 아주 가난하면서도 남존여비의 전통이 수백 년간 유지되어 온 척박한 섬으로 유명하다. 지명을 밝히기는 곤란하지만, 이 섬은 주변 물살이 워낙 거세고 위험해 사내들이 바다로 배를 타고 나가 조업을 하는 것은 사실상 목숨을 거는 일이었다. 이러한 수고와 위험에 대한 배려인지 전통인지, 이 마을 사내들은 조업을 마치고 돌아오면 뭍에서는 손가락 하나 까딱하지 않는 것이 불문율이었다. 그렇다고 조업 한번 다녀오면 큰돈을 벌어 오는 것도 아니었다. 목숨을 걸고 바다로 나서면서도 조업은 늘 형편없어 이 섬은 늘 가난하고 빈곤하기까지 했다.

하지만 "개천에서 용 난다"라는 말처럼, 예부터 섬에서는 아주 뛰어난 이들이 간혹 태어나곤 했다. 몇 해 전, 인공 지능과 바둑을 두어 유일하게 승리를 거둔 인류인 이세돌 씨가 화제였다. 이분도 이 섬 출신은 아니지만 전남 신안군 비금도 출신의 천재로 유명하다. 이 섬에서도 예외 없이 한 천재가 태어났다.

거센 물살은 조업을 막는 위험한 존재기도 했지만, 반대로 바다를 헤엄치는 물고기조차도 일정한 물길을 통해 다닐 수밖에 없도록 절대 통로를 만들어 황금 어장을 만들어 주는 자연의 선물이기도 했다. 이러한 물길의 역할을 이해한 이름 모를 한 천재는 이러한 절대 통로를 찾아 고정식 그물을 설치하기에 이르렀다. 예상대로 이곳은 천혜의 물길로 다른 길이 없는 물고기, 특히 최고급 멸치 어종이 이 그물에 스스로 잡혀 들어왔다.

천재의 또 다른 면모는 바로 뛰어난 식견과 재주를 자신의 부와 명예를 채우는 데 쓰지 않고 주변에 그 비법을 나누어 모두를 이롭게 한다고 하지 않던가? 이분 또한 섬 주민들을 설득하고 가르쳐 길목마다 그물을 설치해 섬 주민 모두를 배부르게 했다. 겨우 입에 풀칠이나 하고 살 정도의 경제력으로 근근이 살아가던 섬 주민들은 큰 위험이나 노동 없이 한 철 그물만 설치하고도 엄청난 거금을 손에 쥐게 되었다.

평생 쥐어 보지 못할 감당하기 힘든 큰돈을 쥐게 된 이 섬의 사내들은 대부분 같은 길로 빠져들었다. 휴어기인 겨울만 되면 일확천금을 손에 쥐고 뭍에 있는 항구로 몰려갔다. 쉽게 번 돈은 쉽게 쓴다고 하지 않던가? 겨우내 술, 도박, 여인들에게 흥청망청 돈을 쓰며 빚을 지지 않는 것만 해도 다행인 지경이 수년간 반복되었다. 겨울이 끝나면 빈털터리로 돌아와 겨우내 지아비를 기다린 아내와 아이들에게는 생활비조차 내놓지 않는 경우가 허다했다. 수백 년간 남존여비의 전통에서 살아온 여인들은 남편에게 말 한마디 대들어 보지도 못하고 그렇게 노예처럼 눈물을 머금고 살아가야 했다.

더 기가 막힌 일은, 이들은 돌아온 봄에 노름에서 빚진 돈을 갚거나 그물을 사기 위해 다시 돈을 빌려야 하는 일이 반복되었다고 한다. 이 섬의 축복같이 여겨졌던 멸치 그물은 이전보다 더 큰 슬픔으로 여인네들의 가슴을 후벼 파게 되었다. 어떤 아낙네들은 눈물을 감추며 차라리 물길을 발견하기 전으로 돌아갔으면 좋겠다고 흐느꼈다. 비록 찬 바닥이었지만 남편과 아이들과 함께 온기를 나누며 부대껴 지내던 그때가 그립다고 한탄했다.

그래도 모두 한탄만 하는 것은 아니었다. 다행히 이 작은 섬에도 희망인 교회가 있었다. 소수이기는 했지만 교회를 섬기던 집의 가장들은 성실히 십일조를 내고 돈을 모아 빠른 시간 안에 부자가 되었다. 이들도 뭍으로 나갔지만 그 이유는 달랐다. 뭍에 집이나 땅을 사서 자녀들을 유학 보내고 공부시켜 섬의 굴레에서 벗어나 훌륭한 그리스도의 자녀로 키우고자 했다. 이 섬의 희망의 씨앗은 바로 복음이었다.

---

* 이 이야기는 나의 재활의학 스승인 광주기독병원 이성훈 부장님이 공보의 시절에 의료 봉사로 구원호를 타고 섬을 방문하여 실제로 듣고 목격한 실화를 바탕한 것으로 허락을 얻어 글과 그림으로 재구성하였다.

꿈속에서 비전을 보이시는 하나님

의원을 개원한 지 7년여가 되자, 이제 직원과 환자들의 수를 병원 공간이 감당하기 힘든 상황이 왔다. 진료 대기 공간이 부족해 심지어 환자들이 서서 기다려야 할 지경이었다. 주차장마저도 늘 부족해 오는 환자들마다 불편을 호소했다.

나는 오래전부터 빌딩 숲 사이에 위치한 병원이 아닌, 아늑하고 나지막한 전원에 존재하는 재활병원을 꿈꾸었다. 유럽, 특히 독일에서 녹음으로 가득한 시골에 존재하는 아름다운 재활센터를 많이 보아 왔기 때문이다. 꿈에서 주님이 비전으로 주시는 재활병원의 구상을 놓치기 싫어 그림으로 그려 보기도 했다.

그러다 평소 기도하던 자리의 매물이 나와 하나님의 은혜로 매입에 성공하게 되었다. 이미 건물까지 지어져 있었으나 수년간 비어 있던 자리였다. 엘리베이터와 인테리어 공사만 하고 바로 이전이 가능했다.

이렇게 주의 도우심으로 필요하고 소원하던 병원을 이전하여

탑팀재활의학과 구상도

확장 개원을 계획할 수 있었다. 그러나 병원 이전은 생각과 다르게 몇 개월이나 지연되었다. 또 이전의 의원 시설을 정리하는 과정에서 사용하던 천장형 냉난방기 네 대와 에어컨 열 대를 처리해야 했다. 동시에 기존 병원에 남겨진 수많은 집기 등을 어떻게 처리할지를 두고 고민에 빠졌다. 새로 이전한 병원은 거의 모든 것을 새롭게 장만하고 설치한 터라 기존 병원의 냉난방기와 집기들을 어떻게 중고로 판매해야 하나 고민하고 있었다. 실제로 합리적인 가격에 인수를 문의해 온 중고 거래 업체 등이 있어 그곳에 넘길 수도 있었다. 하지만 냉난방기의 특성상 분리와 재설치가 번거롭고 개수도 많아 차라리 이어서 병원을 인수해서 들어오는 분에게 이를 일괄 양도하는 것이 좋겠다고 생각하고 있었다.

그런데 늘 그렇듯 모든 것은 나의 계산과 예상대로 흘러가지 않았다. 내 바람과는 다르게 기존 병원 자리의 인수가 지연되고 이 공간이 몇 개월째 비어 있는 채로 남게 되었다. 게다가 10년 임대를 약속한 터라, 매달 전혀 사용하지도 않는 건물 임대료와 공용 관리비를 포함해 엄청난 비용이 추가 지출되고 있었다. 에어컨과 집기를 팔아서 몇 달 치 임대료라도 버는 것이 내 입장에서는 당연한 판단이었다.

그래서 냉난방기와 값이 많이 나가는 집기와 가구들을 정리해 손해를 메우려고 생각하던 차였다. 그런 고민을 하다가 어느 날 초저녁에 너무 피곤해서 깊이 잠이 들었는데, 낙도에 있는 어려운 교회들과 필요한 곳에 에어컨과 집기와 가구를 기증하는 꿈을 꾸었다. '왜 그 생각을 못 하고 있었지? 지출할 임대료에 너무 마음을 깊이 두고 있었구나' 하고 자책하며 눈을 떴다.

그런데 눈을 뜨자마자 낙도의 이정환 선교사님에게 전화가 왔다. 다른 의료 봉사 일정을 상의하기 위해 전화를 하신 듯했다. 나는 곧바로 꿈속에서 얻었던 나눔에 대해서 말씀드렸다. 마침 그때가 한창 여름을 앞두고 있던 시기였고, 워낙 더운 낙도 교회에는 에어컨이 늘 없거나 부족하다고 이 선교사님은 말씀하셨다. 에어컨은 모두 필요로 하지만 구매 비용과 설치 비용 때문에 구매하지 못하는 교회가 많다고 하셨다. 나는 망설임 없이 총 열네 대의 냉난방기와 집기를 모두 낙도 교회에 기증하기로 했다. 하지만 이것들을 드린다고 해도 이 물건들이 잘 설치될 수 있는지, 또 이것들이 오히려 짐이 되지는 않을지 고민이 된다고 이 선교사님께 말씀드렸다. 다행히 소안도의 한 목사님께서 에어컨 설치 기술을 가지고 계셔서 설치하는 작업은 목사님들 선에서 얼마든지 할 수 있다고 말씀하셨다. 그래서 기쁜 마음으로 기증을 했다.

며칠 후 무더운 오후, 목사님들이 트럭 두 대를 몰고 섬에서 일찍 광주로 오셨다. 진료를 마치고 찾아가 뵈었더니 굵은 땀방울을

탑팀재활의학과 현장도

흘리면서 냉난방기와 실외기를 어렵게 해체하고 계셨다. 그 외에도 생각지 못했던 싱크대나 교회에 필요한 기구들, 이를테면 전기보일러나 전구, 심지어 스피커까지 필요한 것들을 전부 교회에 보태 드릴 수 있었다.

좋은 건물을 얻어 깔끔하고 좋은 병원을 주신 것에 감사를 돌리기는커녕, 지출 생각에 사로잡혀 한 푼이라도 더 챙기려고 했던 나의 인간적인 마음과 주님의 계획은 너무도 달랐다. 하나님은 항상 필요한 자들에게 그것을 공급하는 방법을 당신의 방식대로 이루고 계시는 듯하다. 다음에도 내 주머니를 채우기보다는 필요가 있는 자들을 도우며 공동체를 품는 역사에 하나님이 계속 사용해 주시기를 깊이 바라며 기도한다.

삶을 예배로 삼기 위해서 1

요즘 한국 교회의 이미지 실추를 걱정하며 이를 회복해야 한다는 많은 이슈가 기독교계에 있는 것으로 안다. 이를 위해서는 무엇보다도 성도의 삶과 예배를 통해 주를 섬기는 자들의 '빛과 소금'다운 구별이 세상과 삶 가운데 드러나야 한다고 믿는다. 하지만 이러한 소망과는 다르게 의료계에 몸담은 사람으로서 삶 속에서 만나는 그리스도인들의 신앙과 일상의 모습이 괴리되어 있는 현실을 하나하나 고발하지 않을 수 없다.

우선 의료계에서 다반사로 벌어지고 있는 거짓에 대해 이야기하려고 한다. 그리스도인 의사이기 때문인지 모르겠으나 우리 병원에는 많은 목사님, 장로님, 권사님, 집사님이 치료를 받으러 오고 또 소개를 해 주시기도 한다. 하지만 본인을 신앙인이라고 소개하면서도 이해 충돌이 일어나는 상황이 되면 이들에게서 손해를 각오하거나 이익 대신 진실을 택하는 모습은 결코 찾기 힘들다.

구체적인 예를 들어 보겠다. 한 목사님의 소개로 방문한 모 권사님은 어깨 질병으로 고생하다가 잘 치료받고 호전되는 기쁨을 같이 나누었다. 그런데 치료를 마무리한 후 생각지 못한 요구를 해오셨다. 자신의 진단명을 질병이 아닌 상해 코드로 바꾸어 달라는 것이었다. 나는 놀라움을 금치 못했다. 병원비 환급이나 실손 보험 처리를 본인에게 유리하게 하기 위해 이런 제안을 하는 것을 조금도 부끄럽게 생각하지 않는 듯했다.

이처럼 거짓을 말하는 것은 죄악이며 그리스도인으로서 부끄러운 일임을 인식조차 하지 못하는 경우가 많다. 자신의 정체성은 신앙인이라고 하면서도 뻔히 그리스도인 원장에게 속내가 보이는 거짓을 회유하려 하고 요구한다.

보통 이런 제안을 받으면 그 자리에서 단호하게 거절하며 그런 부탁을 하는 것은 결례이고, 이는 보험 사기에 해당하는 불법적인 일임을 설명한다. 하지만 "주변에서는 다 그렇게 하라고 하더라"라고 말하며 죄의식을 가지지 않는다. 이들에게 예배와 일상은 분명 서로 분리된 영역임에 틀림없다. 이들에게는 손해를 보더라도 그리스도인으로서 살아야 한다는 절박한 소신이 없다. 그리스도인이지만 이익을 다투는 상황이 되면 세상의 다른 사람들처럼 한 푼도 손해 보려고 하지 않는다. 더 큰 문제는, 이러한 죄에 대한 분별력이나 자책감도 없다는 점이다. 하지만 하나님을 속일 수는 없다. 성경은 하나님과 재물을 더불어 섬길 수 없다고 분명히 말씀하고 있다.

전공의 시절, 후방 추돌 사고로 목과 허리에 큰 충격을 받아 고통스러운 적이 있었다. 당시 나는 의사였고, 주변 동료들은 어떻게 하면 합의금을 최대한 많이 받을 수 있는지 의료계의 갖은 고급 훈수를 전해 주었다. 그 당시에 하마터면 그들의 어리석은 조언을 따를 뻔했다. 하지만 성숙한 그리스도인이었던 스승님은 그런 나를 만류하셨다. 정말 아프고 치료가 필요한 것은 알겠지만, 합의금을 늘리기 위해 쓸데없이 입원하고 검사하는 세상의 관례를 따르는 일은 신앙인으로서 하지 않았으면 좋겠다는 조언이었다. 그때 비로소 어떻게 살아 내는 것이 세상과 신앙 사이에서 균형감을 가질 수 있는 것인지에 대한 깊은 깨달음을 얻었다. 그래서 외래를 통해 필요한 최소한의 물리치료만 시행한 후 회복했다. 나는 이 일을 통해 진정한 하나님 나라에 대해 깊이 고민하고 결심하게 된 귀한 에피소드를 가지게 되었다.

삶을 예배로 삼기 위해서 2

앞에서 의료계에 만연한 거짓과 구별되지 않는 그리스도인들의 모습을 고발한 바 있다. 그렇다면 우리는 신앙인으로서 이런 도덕적 해이에서 벗어난 것으로 만족해야 하는 것인지 더 생각해 볼 필요가 있다. 그래서 앞선 글에 이어서 이 땅에서 하나님 나라를 구현하며 그리스도인의 구별됨을 드러내기 위해서는 어떠한 점을 더 숙고하고 실천하며 살아가야 하는지에 대해 이야기하고자 한다.

내가 전공의 시절에 다니던 교회에는 영어 예배를 담당하는 한 미국인 선교사님이 계셨다. 아주 검소하고 소탈하며, 조용하지만 성실하게 사역에 전념하는 분이었다. 한국말이 서툴러 일반 성도들에게는 크게 알려지거나 드러나지 않은 분이었다. 나중에 안 사실은, 그는 미국 변호사였지만 이를 포기하고 한국으로 들어와 다른 영리 활동 없이 풀타임 선교사로 일하고 계셨다. 그래서 재정적으로 넉넉한 생활을 하지는 못하셨을 것이 틀림없다.

그러던 중 근무하던 병원의 응급실에서 교통사고를 당한 외국인이 내원했다는 연락이 왔다. 이 외국인은 한국말을 잘 못하고 언어가 잘 통하지 않아 자세한 통역이 필요하다고 했다. 응급실로 가서 확인해 보니 바로 그 선교사님이었다. 선교사님은 사고로 골절이 의심되는 다발성 타박상과 찰과상이 있는 데다 손가락은 옆으로 휘어 변형되어 있기까지 했다. 그런데도 치료를 거부하고 계셨다.

나는 구면인 그와 마주 보고 앉아 왜 치료를 받지 않으려 하는지를 차분히 물었다. 이유는 이랬다. 그는 "이 사고는 저 자동차 운전자의 잘못이 아니라 나의 잘못입니다. 내가 한눈을 팔다가 멈춰 있는 차에 가서 부딪혀 발생한 사고입니다"라고 말했다. 이어서 "병원에서는 자꾸만 자동차 사고 보험 접수를 해서 저 운전자에게 책임을 물으려 합니다. 그래서 치료받기를 거부하는 것입니다. 자동차 보험 접수를 취소하고 치료 비용은 내가 낼 것입니다. 또 저 운전자는 잘못이 없으니 당장 집으로 돌려보내 주십시오"라고 말했다. 나는 이분의 정의로운 태도에 깊은 감동을 받았다. 한국 사람이었다면 자동차 보험으로 치료받는 것을 당연히 여기지 않았을까 하는 생각에 더 그러했다.

이 일을 계기로 나는 선교사님과 개인적으로 연락을 주고받는 좀 더 가까운 사이가 되었다. 그러다 영어 발표 및 회화, 질의 응답 등을 더 개선하고자 이분을 통해 영어 레슨을 받게 되었다. 전공의라 시간에 늘 쫓겨 병원 의국에서 밤늦게 선교사님께 영어 지도를 받았다. 레슨이 끝나고 선교사님이 귀가하시는 순간, 나는 감사한 마음에 접수대에 들러 무료 주차권을 얼른 얻어다 드렸다. 그러자 선교사님은 이 주차권 받기를 거절하셨다. 그 이유는, 본인이 이 병원에서 나를 지도하고 대가를 받는 일을 했으므로 이 병원에 주차비를 내고 가는 것이 마땅하다는 것이었다. 나는 삶의 사소한 영역까지 그리스도인다운 정직성을 실천하는 이분에게서 그 어떤 설교에서도 얻지 못한 깨달음과 숭고함을 경험할 수 있었다.

나의 삶 가운데 그리스도의 주 되심을 선포하는 것은 그 어떤 거창한 모토나 구호가 필요한 것이 아니라는 생각이 들었다. 그리스도를 믿는 사람으로서 삶의 작은 영역부터 만들어 가야 할 정의와

"예수를 깊이 생각하라"(히 3:1).

정직에 대해 깊이 고민하지 않을 수 없었다. 삶과 예배가 분리된, 무늬만 그리스도인으로 살아온 나의 이분법적인 모습에 큰 회개와 변화가 필요하다는 것을 인정할 수밖에 없었다.

누군가를 비난하기 위해 이 글을 적고 있는 것이 아니다. 우리의 삶 가운데 의식하거나 깨닫지 못하고 있는 죄가 있다면 같이 고민하고 이를 과감히 극복하는 노력을 해 보자는 제안을 하고 있을 뿐이다. 이 글을 통해 일상 속에서 천국 백성의 자세로 사는 것이 무엇인가에 대해 조금이라도 생각해 볼 사람이 있다면, 감히 주님께서 이를 기쁘게 여기지 않으실까 짐작해 본다.

나의 한계와 주의 시작

섬의 어려운 교회 사역자와 가족들을 돌보다 보니 언젠가 부터 나와 주변의 의료인들만으로는 감당하기 힘든 영역과 분량 의 도움 요청이 계속되었다. 고민 중에 나는 SNS를 통해 다음과 같은 글을 남겼다.

주변 의사 선후배, 동료 의사분들께 도움 요청드립니다. 전남 완도군 43개 섬 55개 교회를 일일이 찾아다니며 갖은 고충과 수 리를 돕는 이정환 목사님은 구미상모교회의 파송과 지원으로 완 도군 섬 교회를 7년간 묵묵히 섬기고 계십니다. 저도 지난 1년간 매월 오지 섬만 찾아다니며 섬 주민과 해당 교회 목회자들을 대 상으로 의료 봉사를 해 오고 있었습니다. 그런데 현지를 방문해 보니 너무 어렵고 안타까운 일이 많습니다. 도시에서는 상상도 할 수 없는 의료 현실과 방치를 목격하게 됩니다. 게다가 어려운 경제적 여건으로 인해 여러 가지 의학적 도움이 필요한 분들이 많습니다. 그동안 근골격계 질환은 재활의학과인 제가 담당해 왔습니다. 내과 질환은 광주 사랑샘병원 서강석 원장님께 진료와 방향을 부탁드려 왔습니다. 그리고 치과 진료는 나주모아치과 민지현, 김경희 원장님께 부담스러울 정도로 많은 진료 부탁을 해 왔습니다.

하지만 돌보아 드릴 목회자 가족 수가 서서히 많아져 특별히 이곳까지 도움 요청을 하게 됩니다. 특히 누가회 중에 혹시 치과 진료(자원하신 누가와 톡으로 상의를 미리 하고 환우가 병원으로 직접 찾아가는 형태)를 도와주실 수 있는 분을 찾습니다. 치과 이외에도 안과나 피부과, 성형외과, 산부인과 등 해당 과 진료가 필요할 시 톡으로 케이스를 상의하고 진료를 배분하는 일에 동참해 주실 분을 기다립니다. 보통 섬에서 최저생계비 미만으로 생활하시는 분들이고 거의 사례가 없거나 정말 어려운 분들이라 치료비는 사실 받기 어렵습니다. 하지만 치료비에 대한 책정이나 감안은 해당 원장님의 직권이므로 도움만으로도 감사하겠습니다. 그리스도의 의술을 나누실 귀한 형제님들은 제게 개인적으로 연락 주시면 깊이 감사하겠습니다. 간절함을 담아 글 남깁니다. 특히 치과 지원이 절실합니다. 감사합니다.

이렇게 글을 남기고 이틀을 기다렸다. 내 바람과 다르게 지원자 한 명 없이 글에 '좋아요' 숫자만 늘어 갔다. '내가 생각하고 바랐던 것은 이게 아닌데'라는 생각이 가득했다. 다른 단체도 아니고 의대생 시절부터 기독 의사를 꿈꾸며 같이 훈련받았던 동료와 선후배 의사들에게 이런 도움을 요청했을 때 나는 감당하기 힘들 정도의 많은 지원을 기대했는지 모르겠다. 하지만 현실은 달랐다. 그저 좋은 일이라는 반응 정도가 대부분이고, 48시간 동안 그 어떤 지원이나 문의도 없었다. 정말 실망했다. 종일 진료를 마치고 귀가하는 차 안에서 이렇게 기도했다.

'주님, 보셨지요. 이게 저와 제가 속한 공동체의 한계입니다. 저의 능력과 생각으로 이 이상은 어렵습니다. 이제 당신이 움직여 주십시오. 지금 이후로 벌어지는 일들은 모두 주님께서 직접 하신 일로 알고 순종하겠습니다. 도와주십시오.'

그러고는 다음 날 아침이 되었다. 전혀 일면식이 없는 한 자매의 메시지가 도착해 있었다. 내용인즉 이러했다. SNS의 글을 보고 인간적인 마음으로는 나서고 싶지 않았지만 주님의 사랑이 드러나기 위해서라면 자신이 돕겠다는 한 치과 원장님의 답변이었다. 나는 귀한 자원 감사하다며 그 마음을 이미 하나님께서 받으셨을 거라고 답장했다. 기도의 응답이었다. 단 한 사람의 반응이었지만 나는 알았다. 주님이 하신 일임을 말이다. 나는 이것이 힘들고 어려운 일을 당할 때마다 끙끙대거나 어려워 말고 또 기도하고 요구하라는 주님의 위로임을 믿는다.

전혀 모르고 있었는데 개원 5주년이라며 직원들이 축하해 주어서 깜짝 놀랐다. 고생한 직원들에게 다음 날 점심에 탕수육이나 대접해야지 생각했다. 그런데 퇴근길 차 안에서 자주 듣던 찬양의 가사가 마음에 들어왔다. 큰 위로가 되는 가사였다. 그때도, 지금도 곁에 계시고 미래에도 늘 곁에 계실 주님을 찬양하고 기대한다.

고달픈 삶에 은혜도 무뎌지고
곧 사라질 것에 내 맘 두네
헛되고 헛된 것들을 바라보며
그 은혜를 놓치며 살았네
주어진 삶을 묵묵히 살아가며
날 붙드신 주 예수를 보네
사망 가운데 놓여진 나의 삶을
날 건지신 그 이름 예수
나의 한숨을 바꾸셨네
주를 향한 노래로 소망의 노래로
나의 눈물을 거두신 주
예수 이름 안에 살게 하소서
_<나의 한숨을 바꾸셨네>(소진영 작사·작곡)

누군가를 돕거나 품는 것이 영화나 소설처럼 낭만적인 일은 아

150

니다. 낙심도 하고 기대치 않던 실망도 종종 하게 된다. 칭찬은커녕 핀잔이나 조롱을 들을 수도 있다. 겉사람이 아닌 속사람의 나를 동원해야 하는 일이기 때문이다. 일차원적이기보다는 다면적이고 포괄적인 접근과 포용력이 필요한 일인 것 같다. 나는 아직도 이 일에 한참 부족하고 준비가 덜 되어 있음을 실감한다. 하지만 낙심치 않고 작지만 꾸준한 발걸음으로 걸어갈 테다. 주님께서 동행하여 주심을 나는 진심으로 믿는다.

아무도 가지 않은 길을 가라

거창고등학교 직업 선택 십계명

1. 월급이 적은 쪽을 택하라.

2. 내가 원하는 곳이 아니라 나를 필요로 하는 곳을 택하라.

3. 승진의 기회가 거의 없는 곳을 택하라.

4. 모든 조건이 갖추어진 곳은 피하고, 처음부터 시작해야 하는 황무지를 택하라.

5. 앞을 다투어 모여드는 곳은 절대 가지 마라. 아무도 가지 않는 곳으로 가라.

6. 장래성이 전혀 없다고 생각되는 곳으로 가라.

7. 사회적 존경 같은 것을 바라볼 수 없는 곳으로 가라.

8. 한가운데가 아니라 가장자리로 가라.

9. 부모나 아내나 약혼자가 결사반대를 하는 곳이면 틀림없다. 의심치 말고 가라.

10. 왕관이 아니라 단두대가 기다리고 있는 곳으로 가라.

가슴에 박히는 현실판 '좁은 길'이다. 그러나 '만약 내 아이가 이런 직업을 선택하겠다고 말한다면 나는 과연 흔쾌히 축복하며 이 길을 보내 줄 수 있을까?' 하는 질문을 스스로에게 정직하게 던져 본다. 나도 믿음과 아이의 행복 사이에서 갈등하는 부모임을 발견하고 정말 부끄러워졌다. 말로만 십자가와 좁은 길을 외치는 위선자가 바로 나인 듯하다. 자녀의 삶조차도 주께서 원하시면 온전히 내어 드리는 아브라함 같은 담대한 믿음이 없음을 한탄한다.

이러한 이야기를 거침없이 내뱉던 한 위대한 믿음의 선배가 있었다. 바로 고인이 되신 박상은 원장님이다. 평소 깊이 존경하던 그분을 모시고 〈의학채널 비온뒤〉에서 그분이 걸어오신 길과 비전을 나눌 기회가 있었다. 그 강의의 제목이 바로 '아무도 가지 않은 길을 가라'였다. 이 강의 몇 개월 후, 그분은 의료 선교 중 타지에서 순교하시고 말았다. 왕관이 아니라 단두대가 기다리는 곳으로 향하신 그 믿음을 추모하며 이 영상의 일부 내용을 나누고자 한다.

안양샘병원 박상은 원장은 의대를 졸업한 후 40여 년간 의료 사각지대에 있는 취약 계층을 위해 꾸준한 의료 봉사를 실천해 오셨습니다. 또한 1999년부터 2007년까지는 일곱 차례에 걸쳐 북한을 방문해 평양의대 부속병원 혈액정화실을 최초로 설치하는 등 북한 의료의 현대화에도 기여했습니다. 또한 북한에서 만성신부전 환자에게 처음으로 신장투석을 시행한 것도 박상은 원장이 이뤄 낸 일입니다. '아무도 가지 않은 길'을 갔던 박상은 원장의 이야기. 북한 10년, 아프리카 15년. 안양샘병원 박상은 원장과 탑팀재활의학과 박정욱 원장이 함께 나눕니다.

박상은 원장님과의 방송이 나가고 얼마 지나지 않아, 코비드19로 인한 섬 사역이 중단되고 동역자마저 구할 길이 막혀 버린 어느 날이었다. 그간의 섬 봉사의 수고를 주께서 위로하고 조금 쉬었다가 다시 펼치라고 말씀하시듯이 다음과 같은 메일이 내가 속한 대한재활의학회에서 도착했다.

재활의학 봉사상

개인 부문
성명 : 박 정 욱
소속 : 탑팀재활의학과의원

귀하는 재활의학과 전문의로서 최선의 역량을 발휘하여 우리나라에 의사가 없는 섬 지역에서 지난 2년간 일관적이고 헌신적인 진료 봉사활동을 해오셨습니다. 귀한 헌신과 실천을 통해 함께 더불어 사는 아름다운 사회를 만들고, 소외된 분들의 어려움을 돌보는 재활의학의 숭고한 사랑의 정신을 잘 나타내셨기에 감사의 마음을 담아 이 상을 드립니다.

2021년 10월 30일

대 한 재 활 의 학 회
회 장 방 문 석

박정욱 선생님께서는 2021년 대한재활의학회 봉사상(개인부문) 수상자로 선정되셨음을 알려드립니다. 시상식은 2021년 대한재활의학회 추계학술대회에서 진행될 예정입니다. 시상식 일정을 아래와 같이 안내하여 드립니다.

■ 일시: 2021년 10월 30일(토), 11시 30분-13시 00분
■ 장소: 서울드래곤시티(용산) 3층

<봉사 내용>
전남 완도군 소속의 소외된 섬(의원이나 보건 지소가 없는 진정한 무의촌 섬) 주민들

박정욱 원장은 2019년부터 매월 지속적이고 정기적인 의료 봉사 활동으로 전남 완도군에 위치한 낙도 지역을 배를 타고 직접 발로 뛰며 무의촌을 찾아 진료를 시행하고 있다. 숙련된 병원 직원들의 자원과 협조로 소외되고 의료의 손길이 닿지 않는 곳을 직접 찾아 다니고 왕진하며 최신 의료 기기인 이동용 초음파를 이용하여 주사 중재 시술을 현장에서 시행하고 있다. 현장에서 해결하기 힘든 질환이나 위중한 환자들은 광주광역시 내의 협력 의사들(내과, 치과, 이비인후과, 정형외과)에게 인계하고 치료 비용을 지원하는 사업도 더불어 진행하고 있다.

이와 같은 동료들의 격려와 주의 위로에 나는 다시 힘을 얻은 바 있다. 어려움 가운데서도 나의 능력을 부인하며 푯대를 향하여 주의 상을 바라며 걸어갈 것이다.

성탄절 선물

러시아와 우크라이나의 전쟁으로 인한 수요 공급 불균형으로 물가와 기름값이 폭등했다. 유가뿐만 아니라 각종 생활 물가 또한 전쟁과 불안정성으로 인해 치솟는 상황을 전국적으로 모두 경험하고 있었다. 특히 휘발유 값이 1,800원을 상회할 뿐 아니라 경유 가격이 휘발유보다 리터당 200원 이상 높아지는 기현상이 꽤 오래 지속되었다. 심지어 난방용으로 주로 사용되는 등유의 가격이 휘발유를 앞지르면서 에너지 불평등에 대한 이슈가 대두되고 있었다. 주로 도시가스에 의존하여 난방을 하는 도시 지역은 상황이 좀 더 나았다. 하지만 도서 지역은 주로 기름에 의존해 난방을 하고 있기 때문에 섬은 등유 가격 폭등에 의한 벅찬 상황에 내몰리고 있었다.

사실 2022년을 향해 가던 2021년 겨울, 나의 경제적 상황도 그리 좋지는 못했다. 병원 이전을 앞두고 진행하고 있는 건물 수리 과정에서 이미 뜻하지 않았던 러·우 전쟁의 여파를 나 또한 온몸으로 맞고 있었다. 자고 일어나면 건축 자재의 가격이 올라 있었다. 계약했던 금액으로는 공사를 진행할 수 없다는 통보를 수시로 받기도 했다. 2022년 1월에 계획했던 병원 이전은 눈덩이처럼 늘어난 추가 비용과 더불어 계속 미뤄지고 있었다. 실제로 예상보다 훨씬 늘어난 공사 금액과 기간으로 인해 병원 이전은 2022년 5월에 어렵게 완료할 수 있었다.

그 당시 그러한 어려움 가운데서도 주님은 섬 교회의 어려운 사정에 나의 마음이 닫히지 않도록 움직이셨다. 지금도 요일까지 정확히 기억한다. 화요일 아침 출근하는 차 안에서 부인할 수 없이 강하게 말씀하셨다. 완도군 낙도 교회의 겨울철 난방비를 도우라는 명령이었다. 너무나 강력한 선언 앞에 나는 나의 모든 상황을 아심에도 불구하고 섬 교회를 도우라는 그 말씀에 순종할 수밖에 없었다. 어려움에 직면한 섬 목회자들의 간절한 부르짖음이 영적으로 내게 깊이 전달된 것이라는 생각이 들었다. 그리고 그들의 간절한 기도에 응답하기 위해 나를 들어 사용하신 것이라고 지금도 굳게 믿고 있다. 나 같은 죄인을 주의 사역의 통로로 사용하심이 그저 감격스러울 뿐이다.

나는 완도군 취약 교회에 에너지 지원을 하기로 결심했다. 혹시 마음이 약해질까 봐 바로 이정환 선교사님께 전화해서 이 결심을 말씀드리고 지원 방향을 의논했다. 약 1드럼 정도의 등유를 마련해서 전달하면 각 교회가 겨울을 나기에 도움이 되는 지원 비용일 거라고 이정환 선교사님은 예상하셨다. 최종적으로 나는 완도군 취약 교회 열 곳을 돕기로 결정했다. 지원할 교회 선정은 공정성을 위해 각 섬 교회의 사정을 누구보다 잘 알고 계시는 이정환 선교사님께 전적으로 믿고 맡겼다. 이렇게 해서 주께 순종한 성탄절 선물이 열 개 교회에 도착할 수 있었다.

4

다시 길을
여시다

하늘에서도 보이는 섬

사랑하면 보인다고 한다. 다른 사람에게는 이름 모를 섬들이겠지만, 제주에서 광주로 향하는 비행기 안에서 나에게는 뚜렷이 구분되는 섬들이 보인다. 사랑하기 때문에. 놀랍게도 그 마음을 하나님이 주셨기 때문이다.

항공기에서 직접 촬영한 사진(아래부터 반시계 방향으로 소안도, 노화도, 보길도, 비행기 날개 끝부분 아래 가운데 위치한 섬이 넙도, 그 위의 작은 섬이 서넙도다.)

게 모양을 닮은 넙도

2022년 6월이 되어서야 살벌했던 코비드19에 대한 경계의 시선이 조금씩 허물어져 갔다. 몇 달 전만 해도 단기 봉사를 위해 섬으로 입항하고자 했던 단체들이 섬을 밟아 보지도 못하고 마을 주민들의 민원으로 바로 육지로 돌아가는 사례가 허다했다. 다행히 의료 봉사 허가를 받을 수 있어서 긴 기다림만큼이나 간절함을 품고 넙도로 향했다.

약간씩 더워지기 시작하는 6월 중순, 우리는 노화도 앞에 위치한 넙도에 가기 위해 해남 땅끝항으로 모였다. 이번 봉사에는 수개월 전부터 동행을 원하셨던 목포 CTS 장동현 지사장님과 신미정 PD가 취재를 위해 함께했다. 신실한 동역자인 고현순 코치도 전도 사역을 담당하려 멀리 충남 서산에서 여기까지 달려와 주었다. 그녀와 섬 사역을 어떻게 빌드업하고 업그레이드할지 같이 고민하고 기도하기를 오래전부터 고대해 왔는데 그 소망이 이루어진 것이다.

서둘러 여객선에 오른 우리는 둘러앉아 서로를 소개하고 이정환 선교사님을 통해 일정과 사역의 방향을 나누었다. 신미정 PD가 우리 팀이 최대한 평상시처럼 자연스럽게 봉사에만 집중해 주기를 요구해 긴장감을 덜고 섬으로 향했다.

섬은 실제로 보면 옆으로 널찍한 '게' 모양으로 보인다. 실제로 섬 모양이 게를 닮아 '넙게'로 칭하다가 '넙도'로 불렸다고도 전해진다. 상대적으로 크고 경제력도 더 좋은 노화도와 보길도는 이제 다리가 놓여서 거의 하나의 경제권으로 묶여 교류가 더 활발해졌다. 하지만 넙도는 바로 옆의 서넙도와 함께 여전히 한 발짝 소외된 지역이다. 그래서 이곳을 사역지로 선정하게 되었다.

우리는 노화도 산양진항에 들렀다가 다시 넙도항에 도착했다. 내리자마자 가까운 넙도교회로 향했다. 바닷가를 배경으로 하얀 페인팅을 한 넙도교회는 백색 정장을 입은 신사처럼 단정하면서도 고풍스러웠다. 넙도에서는 경로당이나 마을 회관이 아닌 교회에서 마을 주민들을 진료하기로 했다.

천국의 얼굴을 한 넙도교회 목사님과 마주했다. 섬에 오는 길에 이정환 선교사님께 들은 이야기에 의하면 남궁윤 목사님은 췌장암 선고에도 변함없이 교회를 지키고 계시며, 하나님의 은혜로 큰 문제없이 목회를 이어 오고 계셨다(24년 6월 현재도 기적처럼 생존하여 목회 중이시다). 마치 이미 천국을 살고 계시는 듯 이 섬 주민들을 향한 하나님의 사랑을 설파하며 봉사 전 예배에서도 큰 소리로 기도하셨다. 존재 자체가 은혜이고 선교인 삶을 이곳에서 다시 한 번 목격했다. 나는 정말 복된 자다. 이러한 살아 있는 주의 사람들을 만나고 도전받을 수 있으니 말이다. 잠시 만난 나도 이렇게 주의 은혜를 느끼는데, 이분이 손을 잡아 주는 주민들마다 그를 통해 어찌 예수를 만나지 않겠는가?

이미 교회 예배당에 주민들과 노인들이 삼삼오오 도착했다. 간단한 예배를 통해 준비를 마친 우리는 주민들 진료를 시작했다. 목사님께서는 이동이 힘든 마을 주민들을 봉고차를 이용해 교회로 수송하고 우리는 주민들을 진료하기 시작했다.

그런데 주민들을 만나고 복음을 전하던 동역자, 고현순 코치가 보이지 않았다. 평소 스타일로 봐서는 한 분만 붙잡고 복음으로 패거나 집까지 쫓아가고도 남을 여인이다. 나중에 전해 들은 이야기에 의하면 한 할머니 댁을 방문해 대화하고 격려하며 전도하고 돌아왔다고 한다. 고현순 코치의 열정과 영성은 늘 내게 도전이 된다. 후에 큰 쓰임이 기대되는 동역자다.

역시나 섬과 바다의 고된 일들로 무릎과 허리 여기저기 몸이 성한 분이 거의 없었다. 한 분, 한 분의 굳은살 가득한 손에서 그분들의 삶과 스토리가 전해졌다. 내가 무슨 능력으로 이들을 단번에 낫게 하겠는가? 내 손에 든 초음파 기계와 주사가 부끄럽게 느껴졌다. 하지만 뭍으로 진료를 나서려면 하루를 모두 쏟아도 부족한 이들에게 육지에 있는 병원에 다녀오는 것만큼의 최선의 진료로 보답하려는 몸부림을 가져 봤다. 내 부끄러운 마음을 아는지 모르는지, 취재 나온 장동현 지사장님과 신미정 PD는 부족한 진료 장면을 촬영하는 데 열심이었다.

이번 넙도 봉사를 통해 섬 교회와 주민들의 경제적 자립을 도울 구체적 사업 계획을 고민해야 할 시점이라는 생각이 들었다. 물론 의료 선교의 영역은 아닐지라도 방문하는 교회 사역자들의 불안정한 재정과 건강 문제들이 늘 염려된다. 고현순 코치의 의견에 의하면, 섬 주민이나 교회에서 제작한 의미 있고 실용적인 특산품 등을 도심이나 수도권 교회에서 구매하는 등 서로에게 도움이 되는 사업도 고민해 볼 필요가 있다고 했다. 나 또한 억지나 일회적인 사업이 아닌, 실제로 수익과 자립이 가능한 사업은 지혜롭게 검토해 볼 필요가 있다고 생각한다.

30년 만의 여행

가끔 섬에 봉사를 다녀올 때마다 깨닫는 것 중에 하나는, 집 밖으로 나가 아무리 늦고 지쳐도 얼마든지 내 의지로 집으로 돌아올 수 있다는 점이다. 그러나 섬은 늘 배편의 시간과 기상이라는 자연의 제약 안에서만 움직일 수 있다. 특히 섬에서 사역하는 대부분의 목회자들에게 여행은 쉽게 계획하기 힘든 일이다. 그저 결혼식 참석이나 목회 혹은 병원 치료를 위해 뭍으로 나오는 정도가 대부분이다. 뭍으로 나와 또다시 비용과 시간을 보태어 다른 곳으로 여행을 떠나는 것은 여러 제약으로 어려운 일이기 때문이다.

이러한 연유로 대부분의 섬 목회자들은 고립감과 소외감을 사명으로 받아들이고 상황에 순종하며 섬을 묵묵히 섬기는 경우가 허다하다. 코비드19로 잠겼던 여행이 풀리자 이를 누구보다도 잘 이해하고 있던 이정환, 신영삼 낙도 순회선교사 부부(사진에서 좌측 맨 윗줄 두 분)는 여러 기관의 후원금을 모아 섬 목회자들을 제주도

로 힐링 여행을 보내 드리는 섬김을 정기적으로 하고 있다. 위의 사진은 완도군에 위치한 교회의 목회자 부부들이 제주도에서 촬영한 것으로, 이러한 사정을 알고 있던 나는 사진에 '30년 만의 여행'이라는 제목을 붙여 보았다.

우연찮게 제주도 여행 중이시던 이정환 선교사님과 통화가 닿았다. 이들을 섬기며 기뻐하는 이정환 선교사님의 기쁜 마음과 목회자 부부들의 행복한 웃음소리가 수화기를 통해 가득 전달되었다. 빠듯한 예산을 알기에 한 끼 식사비에 보태시라고 소정의 금액을 이체해 드렸다. 후에 우도에서 맛난 식사와 후식으로 아이스크림을 드셨다며 감사의 인사를 전해 주셨다. 내 배가 부른 것보다 더한 '포만감'이란 바로 이런 것이 아닌가 생각된다. 이들의 사역과 삶에 주의 축복과 은혜가 갑절로 더해지기를 진심으로 기도한다.

호리병 모양의 소안도

소안도는 보길도, 노화도를 중심으로 하는 소안군도 동쪽에 붙어 있는 호리병 모양의 비교적 큰 섬이다. 소안도는 이전부터 사역자들의 소식을 듣고 있었다. 또 내가 섬에 들어가기 전부터 이 섬의 사역자들이 광주에 위치한 탑팀재활의학과를 찾아와 도움을 주고받기도 했었다.

호리병 모양의 소안도

사실은 코비드19 대유행이 발발하고 잠잠해질 즈음 여러 번 섬에 들어가려고 계획을 잡았었다. 하지만 완도군의 만류와 바이러스 확산으로 인한 방문 취소를 몇 번 겪다가 이번에야 비로소 방문할 수 있었다.

소안도는 감사하게도 사역자들이 초교파적으로 서로 협력하고 섬기며 좋은 관계를 유지하는 모범적인 섬이다. 먼저 우리는 소안도 부상리의 부상안디옥교회를 방문하여 김의중 목사님과 인사를 나누고 진료를 시작했다. 이미 교회에는 20여 명 이상이 도착해 진료를 기다리고 있었다.

교회에서는 기둥에 마을 주민을 위한 무료 의료 봉사라는 플래카드를 크게 설치해 놓으셨다. 감사하지만 나는 봉사를 하면서 플래카드를 거는 것을 피하고 있다. 우리 봉사 팀은 그저 마을 사람들을 모아 주는 마당을 마련할 뿐이며, 우리가 돋보이기보다는 잊혀야 한다고 생각하기 때문이다. 또 기존 교회나 단체에서 보아 온 주객이 전도된 봉사 방식에 깊은 회의감이 있기 때문이기도 하다. 우리의 만족을 위한 봉사가 아닌, 예수님이 들어와 함께하실 여백을 열어 주는 것이 목적이기 때문이다. 성경 속 베다니의 마르다와 마리아 자매의 이야기처럼, 헌신적으로 일하지만 주의 존재를 잊는 우를 범해서는 안 된다고 믿기 때문이다.

또한 나는 위생을 위한 장갑과 마스크 혹은 작업복 정도는 착용하지만 의사인 티를 내는 흰 가운은 되도록 봉사지에서 입지 않으려 한다. 혹자는 가운 착용이 더 전문적이라는 신뢰를 줄 수 있다고 한다. 하지만 섬마을 분들에게 다가가기에는 가운이 오히려 더 불편함을 주는 심리적 갑옷 역할을 한다고 생각한다. 나는 주민들 한 분, 한 분의 손을 잡고 작은 고통이라도 덜어 드리려고 노력한다. 하지만 한 인생을 모두 품어 주실 분은 현지 교회를 통해 만나게 될 그리스도여야 한다. 내 화려한 가운에 그리스도의 모습이 조금이라도 가려지는 것을 나는 원하지 않는다. 그래서 마음이 움직여 환우들을 위해 기도할 때도 늘 침묵으로 한다. 나의 겸손한 요청에 주께서 기도의 완성과 임재를 이루어 주실 것을 진심으로 바라기 때문이다.

상당히 많은 환우를 진료했지만 수년간 손발을 맞추어 온 세 명의 간호사와 일을 하니 오전 내에 엄청나게 효율적이고도 체계적으로 진료를 마칠 수 있었다. 봉사와 선교는 우리의 손을 빌려 주께서 하시는 일이다. 우리는 준비됨과 시스템을 늘 업그레이드하며, 또 기록과 고민을 통해 조금씩 발전할 수 있다는 경험과 확신을 얻는다. 그래서 이 먼 길에 동행하고 헌신해 주는 직원들과 고현순 코치, 이정환 선교사님이 정말 감사하고 사랑스럽다.

오전 진료를 마치고 부상안디옥교회에서 마련한 정성이 가득 담긴 점심을 대접받았다. 평상시에 먹기 힘든 전복과 생선과 해초들로 식사를 했다. 바다의 신선함과 영양이 가득한 밥상을 받은 직원들의 탄성이 쏟아졌다. 시금치 같은 반찬 하나도 바로 채취해서 참기름에 막 무쳐 주셨는데 그 맛이 일품이었다. 이 섬의 맛과 분위기에 행복하게 취할 수 있었다.

식사를 마치고 잠시 산책 삼아 드라마 〈해신〉의 촬영지였던 섬 절벽에 올랐다. 알 수 없는 산길을 오르자 아름다운 섬의 절경을 확인할 수 있었다. 다시 교회로 돌아가 오후에 20여 명의 마을 주민을 더 진료하고 마지막으로 출항하는 여객선에 올라야 했다. 섬은 언제나 배 시간의 제약을 받아 늘 촉박한 시간 속에서 긴장해야 한다. 느릿느릿한 시골의 배경이지만 시간은 도시보다 더 빨리 흘러간다.

선착장으로 향하는 길에 약간의 시간이 남아 섬에 있는 두 곳의 카페 중 무료로 운영되는 소안미라교회의 미라카페를 방문했다. 온화한 표정의 목사님께서 정성을 담아 원두커피를 내려 주셨다. 이곳의 커피 원두는 전남 광주의 한 로스팅 가게에서 기부되고 있다고 들었다. 섬의 작은 교회도 잊지 않고 섬기는 아름다운 지체의 흔적과 주의 돌보심이 느껴졌다.

이 소안도는 사실 한국누가회 출신의 친구를 통해서 알게 된 곳이다. 내가 소속된 기독의사회인 한국누가회(CMF)는 의대를 마치고 3년 2개월간 국방의 의무를 대신하는 공중보건의사 역할을 지역 사회를 향한 섬김과 봉사의 기회로 삼고자 하는 기도와 실천적 움직임이 있었다. 호기롭던 이런 봉사 의식도 오지에서 반년만 근무하면 모두 지쳐서 도회지 근처로 돌아오고 싶어 하는 것이 젊은

172

의사들의 인지상정이다. 하지만 한국누가회 출신의 의사, 치의사, 한의사 친구들은 험한 시골이나 섬의 오지 근무를 자청하여 3년 2개월 모두를 같이 기거하고 서로를 응원하며 공중보건의사의 역할을 아름답게 마무리했다. 야간은 물론이고 주말에도 섬에 남아 교회를 섬기며 주민들의 진료를 마다하지 않았다. 또 섬의 청년으로 변신해 주일학교 교사의 역할을 하며 섬 아이들의 롤모델이 되기에 충분했다.

이러한 헌신의 태도를 요즈음 공중보건의사들에게서는 거의 찾아보기가 힘들다. 정해진 근무 시간 외에는 진료를 하지 않으려 하고, 금요일 저녁에 섬을 나갔다가 월요일 첫 배를 타고 다시 들어오는 형태로 섬에 최소한으로만 머물려는 패턴을 보인다. 게다가 제도적으로도 보통 1년여 정도를 이런 오지에서 근무하면 나머지 기간은 도회지 가까운 곳이나 본인이 원하는 근무지에서 근무할 수 있도록 배려하고 있다. 그러기에 공중보건의사들 스스로도 조금만 버티자는 태도로 임하고, 또 헌신을 기대하기 힘든 점이 시대적 아쉬움이기도 하다.

하지만 삶과 신앙은 분리될 수 없다고 생각한다. 신앙을 가진 기독 의사들만큼은 일터 선교사로 파송 받은 자들이어야 한다. 자신이 속한 지역 사회와 환우들을 가족처럼 돌보고 지역 교회와 협력하는 일은 우리의 사명이자 의무라고 생각한다.

'라떼는 말이야'처럼 들리겠지만, 그 당시 한국누가회 소속의 젊은 공중보건의사들은 국방의 의무를 다하는 3년 2개월이라는 긴 시간 동안 여러 가지 편리와 이해관계를 버리고 섬이나 오지에서의 근무를 자청했다. 주말에도 특별한 일이 아니면 집에 잘 다녀가지 않고 섬 혹은 지역에 머물면서 그 지역 공동체에 도움이 될 부분을 찾아 더 깊이 파고드는 삶을 추구했다.

실제로 이러한 운동을 '공미사'(공중보건의사에 미친 사람들)라 부르면서 젊음을 헌신하는 아름다운 모습을 그려 갔다. 이 운동은 백은성(현 글로벌케어 NGO 대표)의 삶에서 감명 받은 헌신된 기독 청년 의사들로 인해 시작되었다. 이분은 경북 청송군에서 공중보건의사로 지내며 환자 진료는 물론이고 주민들을 위한 건강 강좌, 마을 건강 신문까지 제작하며 지역 사회를 깨웠다. 이 사실은 TV 다큐멘터리로 공중파에 소개되며 큰 반향을 일으켰다. 그는 공보의를 마친 후 일반적인 전공의의 길을 걷지 않고 '착한 의사와 간호사를 만들자!'라는 소명 아래 한국누가회 간사로 헌신했다. 그리고 그를 본받고자 헌신하는 수많은 후배를 실제로 양성했다.

내 친구 중에는 인턴십을 마치고 소안도로 자청해서 내려간 '김종규'라는 한국누가회 형제가 있다. 그 형제는 이 섬에서 봉사하면서 섬 교회에 출석하고, 그 교회에서 집사 직분을 받아 아이들과 목사님들을 전심으로 섬겼다. 그러던 어느 날, 이웃 교회 목사님이 가슴이 너무 아파서 고통스러워한다는 소식을 듣게 되었다. 관사에 머무르고 있던 김종규 형제는 목사님의 상태가 촌각을 다투는 굉장히 심각한 상황임을 파악했다. 그는 곧바로 해경에 알렸고, 의사의 직접적이고 정확한 요청에 응답한 해경 헬리콥터가 바로 도착해 목사님을 육지로 이송하여 응급 심장 시술을 통해 그분의 귀한 생명을 건질 수 있었다.

이런 귀한 에피소드를 가지고 살아가던 사역자 부부들은 내가 김종규 형제의 친구라는 말을 듣자마자 감격하며 진심으로 반가워하셨다. 특히 종규 형제 덕분에 큰 고비를 넘긴 목사님과 사모님은 눈물을 흘리며 그 형제를 그리워하고 고마워하셨다. 나 또한 반갑고 행복한 마음에 그분들의 안부를 영상으로 담아 영국 런던에서 연수 중인 친구에게 전해 주었다. 언젠가 함께 재활의학을 전공한 그 친구와 같이 소안도를 방문하면 얼마나 좋을까 상상해 본다.

이렇듯 젊은 시절에 섬에 남긴 작은 헌신과 사랑의 씨앗들은 큰 열매와 기억으로 남아서 많은 사람의 가슴속에 자리하고 있었다. 또 20여 년이 지나서 찾아간 섬에는 여전히 그리스도의 사랑의 온기가 남아 있음을 확인할 수 있었다.

반값 시계

병원을 이전한 뒤 집으로 가는 퇴근길에는 반품된 물건을 주로 판매하는 큰 매장이 자리하고 있었다. 좋은 물건을 값싸게 살 수 있는 기회라고 생각하고 그 매장을 자주 방문하곤 했다. 물론 필요 없는 물건을 충동적으로 구매해 아내에게 잔소리를 듣기도 했다.

그러던 어느 날, 사무실에 벽걸이 시계가 필요했는데 예쁜 디자인의 시계를 시중의 3분의 1 가격 정도로 판매하는 '가성비' 좋은 제품이 있어서 기분 좋게 그 제품을 구매했다. 그리고 시쳇말로 '득템'했다는 표현까지 쓰면서 돌아와 사무실에 걸어 두었다. 물론 그 물건을 골라 온 나를 칭찬하면서 즐겁게 그 시계를 이용했다.

하지만 그 즐거움은 오래가지 못했다. 아무리 건전지를 새것으로 갈아 끼워도 하루 이틀만 지나면 바로 시간이 맞지 않았기 때문이다. 하루에 1-2분씩 느려지더니 나중에는 오히려 시간이 맞는지 확인하느라 도리어 시간을 더 소모하고, 심지어는 나에게 근심을 주는 물건이 되었다. 이런 일을 겪으며 나는 그 매장에서 파는 물건의 품질을 신뢰할 수 없게 되었다. 그 이후에도 그곳에서 구매한 물건의 몇 가지가 반복해서 말썽을 일으켰다. '결국 반품되어서 싸게 파는 데는 다 이유가 있구나'라는 생각이 들어 더 이상은 그 매장을 방문하지 않게 되었다. 결국 그 매장은 최근에 문을 닫게 되었다.

내 진료실에는 목사, 장로, 권사, 집사, 신앙인 등을 내세우며 진료를 받으려 하는 환우가 꽤 있다. 나도 신앙인의 한 사람으로서 그들을 좀 더 돌보고 신경 쓰고자 한다. 하지만 의사인 내 앞에서 보이는 모습과는 달리 진료실 밖에서 병원 직원들을 하대하거나 예의 없이 행동하는 모습을 볼 때가 상당히 많다. 그럴 때마다 '저렇게 행동할 거면 차라리 교회에 다닌다는 말을 하지 말지' 하며 깊은 한숨이 나오기도 한다.

어려운 상황에 놓일 때 보이는 모습이 본인의 진짜 모습임을 모르는 어리석은 교인을 많이 본다. 그럴 때마다 교회에 다니는 집사인 원장은 직원들에게 너무 미안하고 작아진다. 늘 직원 중에 한 명이라도 더 교회로 인도하고 싶다는 생각을 하고 있는 나는 이럴 때마다 탄식이 나온다. 그리고 실제로 직원들에게 이렇게 말하곤 한다.

"내가 오히려 미안해. 내가 믿는 주님은 이렇게 가르치시지 않았는데 말이야."

그들에게 교회에 다닌다는 말은 '어려움과 손해를 감수하며 빚진 자로 더불어 살겠다'는 의지의 표현이 아닌 듯하다. 그래서 나는 그저 누구의 지인이라거나 누군가에게 소개를 받았으니 잘 대접해 주라는 의미로 받아들인다. 오히려 본인이 누구인지 내세우지 않고 잘 치료받다가 마무리되는 시점에 '사실 나는 어느 교회 누구인데 좋은 진료를 받아 감사하다'고 말하고 돌아서는 인격적인 분들에게서 주님의 겸손한 모습을 발견한다.

더 이상 그리스도인이라는 이유만으로 그들의 인격과 상식을 신뢰할 수 없는 세상을 살고 있다는 것이 참 안타깝다. 때로는 신앙인임을 지나치게 내세우는 경우 여러 안 좋은 경험을 함으로써 오히려 경계하게 되는 반사적 학습 효과를 느끼기까지 한다.

이런 안타까움 속에 시계를 바라보다가 문득 신앙인으로서의 내 모습을 돌아본다. 외부에서 보기에는 별문제 없는 무난한 존재, 하나님께 헌신한 종처럼 보일 수 있다. 하지만 하나님이 원하시는 방향으로 반응하거나 움직이지 않는다면 오히려 주님께 근심 덩어리로 작용하는, 겉만 멀쩡한 반값 시계에 불과한 자가 아닐까 하는 생각이 들었다. 겉으로 보기에는 멀쩡하지만 깊이 들여다보면 도움이 되기는커녕 오히려 하나님의 일을 방해하는 사람, 외관상으로는 하나님을 믿는 것 같지만 결국에는 하나님께 번거로운 존재가 될 수도 있겠다는 생각이 들었다. 그러면서 하나님께 그런 짐이 되거나 신뢰를 잃은 존재로 전락하지 않도록 긴장해야겠다고 다짐했다.

때로는 그분의 뜻과 이끄심에서 벗어나더라도 늘 그분을 다시 좇아가는, 고장난 채 머물러 있지 않은 시계가 되고 싶다. 그리하여 그저 물리적인 시간의 '크로노스'가 아닌, 의미와 의지를 담은 '카이로스'를 가리키고 따르는 시계로 이 땅에서 제 역할을 하며 살아가고 싶다.

"주여, 부족한 저를 도우시고 나약한 주의 자녀들을 돌보소서."

띠(茅)가 많아 띠섬이라고 불리는 대모도

끝나지 않을 것 같았던 코비드19가 드디어 뒤로 물러났다. 정말 오랜만에 마스크 없이 따뜻한 봄을 맞이한다. 지루하고 고통스러웠던 3년, 계절이라고는 겨울밖에 없었던 것처럼 그렇게 마음이 추웠던 시간이었다. 따뜻한 햇살 아래 제한 없는 꽃놀이가 얼마나 소중한 일상이었는지 새삼 깨닫게 된다.

벚꽃이 만개한 3월의 마지막 날. 코비드19로 막혔던 낙도 의료 봉사의 오랜 공백에 드디어 마침표를 찍는 날이다. 하루 전 수요일, 오전 진료를 마치고 완도로 출발하는 발걸음에 설렘이 가득했다. 의료 봉사할 목적지를 정하고, 첫 배를 타고 섬에 도착해서 그곳에 뿌리내리고 사는 분들을 잠시라도 만나 작은 도움을 드리는 일은 언제나 설레고 기대되는 일이다.

완도 여객선터미널에서 출발하는 대모도행 탑승 시간은 오전 7시 10분이고, 광주에서 완도 여객선터미널까지 소요 시간은 아무리 빨라도 두 시간 이상이다. 이에 우리는 당일 새벽에 출발하기보다 하루 전 터미널 근처에서 1박을 한 후 다음 날 아침 일찍 배를 타기로 했다. 그동안 함께 가기를 오랜 시간 고대하며 기다렸던 정찬석(오산이음교회), 정진용(열림교회) 목사님 두 분도 낙도 봉사 소식에 기쁜 마음으로 한걸음에 달려와 동행해 주셨다.

소중하고 아름다운 사람들과 함께하는 여정은 낙도 의료 봉사를 가는 나에게 주님께서 주시는 격려의 선물이다. 창조주가 그리신 차창 밖 풍경에 감탄하며 먼 거리가 지루하다 느껴질 새가 없이 서로의 삶을 나누는 여정은 내 영혼에 편안하고 따뜻한 휴식을 준다.

출발 전 신지도에서 하루 숙박하기로 했다. 서쪽으로는 완도, 동쪽으로는 고금도와 다리로 이어져 있는 신지도는 차로 들어가기에 체감상 육지처럼 느껴지는 곳이다. 다리가 이어지기 전에는 소외된 섬으로서 많은 이가 유배를 오던 곳이었다. '동국진체'를 완성한 원교 이광사(한석봉, 김정희와 더불어 조선의 3대 서예가로 유명)의 유배지였다. 또한 정약용의 형이자《자산어보》의 저자로 유명한 정약전이 흑산도로 유배되기 전 잠시 머물렀던 섬이기도 하다.

신지도에는 아름다운 해변으로 유명한 '명사십리해수욕장'이 있다. 언제나 넉넉한 어머니같이 부드럽게 안아 주는 이곳을 나는 평일도에 있는 명사십리해수욕장과 더불어 사랑한다. 동행한 직원 및 목사님들도 얼굴 가득 미소를 담고 감탄하며 해변의 아름다움에 푹 빠졌다.

저녁을 맛나게 먹고 펜션에 들어가니 이정환 선교사님께서 도착해 계셨다. 다음 날 봉사에 대한 오리엔테이션과 선교 사역에 대한 나눔으로 밤이 깊어 갔다.

다음 날 아침, 우리 일행은 배를 타고 두 개의 모도 중에서 큰 섬인 대모도(大茅島)로 향했다. 청산도 쪽에서 보면 섬 두 개가 보이는데 하나는 대모도, 다른 하나는 소모도다. 청산도에서 보아 섬이 두 개라서 '두 섬'이라고 부르기도 하고, 띠(茅)풀이 많다고 '띠 섬'(모도)이라고 부르기도 한다.

대모도에는 40-50여 가구가 있는데 실제로 살지 않는 집이 꽤 많다. 대부분 70세 이상의 노인들이며 드물게 젊은 분들이 몇 분 계신 듯하다.

선착장에 닿으니 대모도에 있는 모도교회 이인식 목사님과 장로님께서 우리를 반겨 주셨다. 교회에 방문해 기도로 주님의 도우심을 구하고 모서리(대모도 서쪽) 마을 회관에서 진료를 시작했다.

오전 9시 진료 시작 이후로 서른 분을 만나 진료해 드렸다. 모두 바다에서, 땅에서 생계와 자식들을 위해 씨름하느라 온몸에 아픔의 흔적들이 가득했다. 초음파로 환부를 검사하고 주사하며, 주님께서 아픈 곳을 회복시켜 주시기를 기도했다.

진료 중에 옆방에서 멋진 목소리로 부르는 찬양 소리가 들렸다. 정찬석, 정진용 목사님께서 노인 분들 앞에서 은혜의 찬양을 부르며 복음을 전하셨다. 섬에서 쉽게 접하기 어려운 의료 봉사를 통해 섬에 사시는 분들을 만날 수 있는 자리가 만들어지고, 더불어 동역자들을 통해 한 번이라도 더 복음을 전할 기회가 생기니 감사했다.

주님께서 우리에게 주신 강점으로 만남의 기회를 만들고 현지 교회에 연결의 끈이 되어 주는 것은 매우 중요하고 꼭 필요한 일이다. 하나님 나라의 사역에 있어서 크고 작음을 논하거나 어떤 일이 더 중요하다며 평가하는 것은 그리 바람직하지 않다. 스스로 작은 재능이라 여길지라도 사랑을 담으면 모두 큰 은사를 가진 자가 아닐까?

약한 자들에게 시선을 두고 겸손한 마음으로 다가가 돌보며, 머리 되신 예수 그리스도 안에서 각 지체가 한마음으로 사랑하며 연합한다면 주님께 기쁨과 영광이 되며 복음의 선한 영향력이 일어나게 될 것이라 믿는다. 잠시 머물다 가는 작은 역할일지라도 현지 사역자들과 현지 분들에게 힘과 위로가 되기를, 나아가 진정한 복음 안에서 영혼의 회복이 일어나기를 기도한다.

오전 진료를 마치고 우리 일행은 '은혜반점'이라고 불리는 교회 식당에서 맛있는 전복죽을 대접받았다. 육지에서는 맛보기 힘든 섬의 별미인 '미역귀 무침'을 먹었는데, 미역귀도 묵은 것과 새 것이 있고 맛과 색이 달랐다. 일반적인 생각과는 달리 신기하게도 묵은 것이 더 맛있었다. 어린 다시마로 만든 장아찌는 섬유소가 가득해서인지 신선하고 쫄깃한 맛이 정말 매력적이었는데, 고기와 바꾸지 않는다는 말에 깊이 공감하게 될 정도로 맛있었다.

점심 식사 후 우리는 모서리 앞바다에 있는 자갈 해변에 잠시 들렀다. 이인식 목사님이 힘들 때면 하나님을 찾고 울며 기도하던 곳이라고 했다. 섬에서 지역 사회를 섬기며 사역할 때 얼마나 어려운 일이 많을지 생각하니 안타까웠다. 동행 중이던 두 분의 정 목사님께 부탁해 이인식 목사님과 이정환 선교사님을 축복하며 기도하고 위로해 드렸다.

오후에는 모서리에서 모동리(대모도 동쪽)로 이동하여 진료를 이어 갔다. 모동리에는 20-30여 가구가 모여 살고 있었다. 짐을 풀고 20여 명 정도의 진료를 마쳐 갈 때쯤 밖에서 큰 고함 소리가 들려왔다. 섬에서는 장례 후 화장이 불가하고 시체를 육지로 내보낼 수도 없어 섬 내에 매장하는 문화가 있다. 외부에서 들어온 몇 분이 섬의 장례 문화를 잘 인지하지 못했는지, 화장을 한 일로 마을 분들이 화를 내고 다툼이 일어난 듯했다.

소음에 예민한 편인 나는 초음파와 주사를 가지고 세밀한 진료를 해야 하는 중에 옆에서 고성이 오가는 상황에 머리가 아프고 견디기가 힘들었다. 빨리 그 자리에서 벗어나고 싶은 생각에 얼른 진료를 마치고 바닷가로 자리를 피해 나갔다. 조용한 해변에 나와 마음을 정리하다 보니 그 상황은 바로 도움을 주려고 온 우리 팀의 마음을 흔들어 놓으려는 사탄의 방해일 수도 있다는 생각이 들었다. 그래서 잔잔한 바다를 바라보며 조용히 기도하는 시간을 가졌다.

완도로 돌아가는 배를 기다리는 시간, 함께 도우며 애쓴 직원들 그리고 목사님들과 바다를 바라보며 많은 대화를 나누었다. 혼자가 아니기에 외롭지 않고 든든하며, 힘들 때 위로가 되고, 연약할 때 서로 지지대가 되어 주는 동역자들이 있기에 감사했다.

한편, 대모도에서 만난 한 어머님은 어려서부터 소아마비를 앓아서 발목이 안쪽으로 심하게 꺾인 장애를 앓고 계셨다. 걸을수록 발목이 안으로 말리면서 고통이 심해진다고 많이 우셨다. 왜 이렇게 태어났는지 모르겠다며 눈물을 흘리시는 모습에 가슴이 아프고 안타까웠다.

어머님의 장애를 고칠 수는 없지만, 멀리는 아니더라도 가까운 곳이나마 편하게 걸어 다닐 수 있도록 도와드리고 싶었다. 봉사를

대모도에서

185

마치고 돌아오는 길, 우리는 보조기를 사용해 보행을 도와드릴 수 있도록 제도적이고 의학적인 도움을 드릴 방법을 여러 가지로 논의했다. 모도교회 이인식 목사님께 연락을 드려 자녀분과 함께 아이디어를 교환하며 어머님께 좋은 방법을 찾아보자고 의견을 전달했다.

오랫동안 힘든 시간을 보내셨던 어머님께 광주로 한번 나오시면 의료기 회사와 협력해 보행이 가능하도록 특수 보조기를 제작해 드리고 싶다는 마음을 전했다. 그러고 나서 얼마 뒤, 이인식 목사님이 연락을 주셨다. 어머님께서 보조기 제작에 대한 제안을 반가워하셨다고, 마침 광주에 자녀분들이 거주하고 있어서 목사님께서 광주에 있는 병원으로 어머님을 직접 모시고 오겠다는 소식이었다.

사실 어머님께 필요한 것은 일반적인 보조기가 아닌, 여느 업체에서 쉽게 제작할 수 없는 특수한 보조기다. 감사하게 보조기 업체 대표님께서도 의미 있는 일이라면서 멀리 대구에서 광주까지 기꺼이 방문해 주겠다고 약속하셨다.

약한 자를 돌보며 선하게, 형통하게 일을 이루어 가시는 주님의 은혜가 놀랍다. 주님의 인도하심 속에 제작되는 특수 보조기를 사용해 스스로 걸으며 어머님의 힘들었던 삶이 조금이나마 편해지시기를, 눈물을 닦고 환하게 웃으실 수 있는 그날을 진심으로 기대해 본다.

주님께서는 우리 마음에 아픈 자와 약한 자, 가난한 자들을 향한 긍휼의 마음을 부어 주며 우리가 반응하고 순종하기를 늘 기다리신다. 그리고 주님의 놀라운 은혜와 소망의 이야기를 함께 만들어 가자고 초대하신다.

섬은 노인이 많아 어쩌면 가장 선교적 시급성이 높은 곳이라 할 수 있다. 이곳 도시와 마찬가지로 이단의 공세 또한 무섭다. 이단 교회에 대한 분별이 없기에 거부감이 없거나 같은 부류로 오해받는 일이 생기기도 한다. 도시 교회의 도움과 기도가 시급한 이유다. 섬 지역이 사마리아처럼 방치되지 않고 안전하고 지속적인 복음이 전해지기를 간절히 기도한다.

슬픈 기독교 역사를 간직한 추자도

추자도는 원래 전남 완도군에 속해 있었다. 하지만 현재는 행정 구역이 제주시에 속해 있다. 지도를 보면 실제로 전남 해안과 더 가까워서 이 지역의 말투와 문화는 전남과 거의 비슷하다. 지금은 항해 기술과 선박이 발달해서 실감하기 어렵지만, 이곳 추자도는 조선 시대만 해도 목숨을 걸어야만 찾아올 수 있는 오지였다. 이전에 여러 정치적 문제로 고위 관리를 멀리 유배 보낼

그림 앞쪽이 상추자도, 뒤쪽이 하추자도다.

때 추자도로 가라는 의미는 가는 뱃길에 바다에 빠져 익사하기를 바라는 악의적이고 정치적인 의도가 숨어 있었다고 이해하는 의견이 많을 정도다.

실제로 조선 시대에 천주교에 관대하던 정조가 죽고 뒤를 이어 왕위에 오른 어린 순조를 대신해서 정순 왕후가 섭정에 나선다. 이때부터 천주교인들에 대한 박해가 시작된다. 이때가 서기 1801년이며, '신유박해 사건'으로 잘 알려져 있다. 당대 유교 성리학에 한계를 느끼던 실학적 지식인들 사이에서 교세를 늘려 가던 천주교는 정권의 적으로 규정되어 잔인한 박해를 받기 시작한다. 이로 인해 주로 남인 가운데 많았던 진보적 실학파이자 천주교도였던 정약용, 이승훈, 이가환 등이 유배되거나 처형당했다. 처형된 자가 100여 명이며 유배된 자가 400여 명이었으니 그 규모를 가늠케 한다. 이후 조선에 들어온 개신교 선교사들은 의료와 교육 등의 간접 선교를 통해 접근하며 왕실의 호감을 사는 방법을 취한다. 하지만 당시 천주교는 다소 직접적이고 공격적인 선교 방식으로 왕실의 반감을 사 많은 탄압과 순교를 겪었다는 해석이 지배적이다.

이 처형자 중에 '황사영'이라는 분이 있었다. 이분은 강진으로 유배된 다산 정약용과 흑산도로 유배된 정약전의 이복형인 정약현의 맏딸 정명련(정난주)과 혼인하여 정약현의 사위이기도 하다. 특히 정약현은 우리나라 최초의 천주교 세례자이며, 신유박해의

핵심 인물이었던 이승훈은 정약현의 이복 여동생과 혼인하여 처남 관계이기도 하다.

황사영은 우리나라 최초의 천주교 신부였으며, 청나라인이었던 주문모의 세례를 받고 천주교인으로 활동한다. 그러면서 주문모 및 많은 천주교인이 신유박해 때 처형되는 참상을 외부에 알리려 노력하기도 한다. 이를 위해 당시 북경에 있던 프랑스 주교 구아베에게 하얀 비단에 이 내용을 적어 몰래 보내는데 이를 '황사영 백서 사건'이라고 부른다. 하지만 결국 들통이 나 모든 일이 수포로 돌아가고, 황사영은 능지처참을 당하게 된다. 그리고 그의 아내와 한 살배기 아들은 노비가 되어 제주로 유배를 떠나게 된다.

제주도로 향하던 중 잠시 추자도에 정박했을 때 황사영의 아내 정명련은 평생을 노비로 살게 될 아들의 처지를 생각하고 동행하던 뱃사람들에게 추자도에 아들을 두고 갈 수 있게 해 달라고 부탁한다. 그리하여 황사영의 아들 황경한은 하추자도의 한 어부에게 맡겨져 평생을 이곳에서 살았다. 지금도 황 씨의 자손들이 하추자도를 중심으로 살고 있다고 한다.

황사영의 백서 사건은 중요한 기독교적 순교 사건으로 백서는 서울 주교로 있던 뮈텔에 의해 발견되고 교황에게 전해져 현재 로마교황청 민속박물관에 보관되어 있다. 하지만 당시 조선을 청나라의 한 성으로 복속시켜 줄 것과 무력으로 압박해 줄 것을 요청한 점 등은 당시의 위험한 제국주의적 선교 의식을 가지고 있어

비판받기에 충분한 점이 있다. 하지만 그럼에도 그리스도를 향한 그의 믿음은 이와 별개로 존중받을 만하다고 여겨진다.

특별히 추자도를 언급한 이유는 의료 선교를 같이 섬기는 이정환 선교사님이 바로 이 섬 출신이기 때문이다. 낙도 의료 선교의 가장 먼 원정 선교가 되겠지만 코비드19가 완화되어 선교가 허락되는 날 꼭 한번 방문하고 싶다. 어렵게 가는 곳이니만큼 만약 이 섬을 방문한다면 1박 2일 일정으로 방문할 생각이다. 이곳을 방문하면 제주도에 노비로 끌려간 어머니를 그리며 제주가 잘 보이는 곳에 묻어 달라고 하여 위치한 황사영의 아들 '황경한의 묘'를 꼭 방문할 생각이다.

우리는 주를 믿는 그리스도인이 되는 것과 신앙인으로 사는 것에 아무런 위기나 어려움이 없는 시대를 살고 있다. 우리에게 이들의 슬픈 역사는 깊이 곱씹어 보아야 할 초대 교회 성도들의 삶과 신앙을 깊이 떠올리게 한다.

기대했던 추자도 방문

23년 5월 4일 아침, 약 3개월 전부터 계획한 추자도행은 불가능하게 되었다. 갑작스러운 호우주의보로 배 운항이 취소되었기 때문이다. 아홉 명의 팀원을 수송하기 위한 교통비만 200여만 원에 육박할 정도로 큰 프로젝트였다. 당일 새벽에 출발하는 배를 타기 위해 항구 근처의 숙소도 예약해 두었는데, 결항에도 불구하고 숙박 취소는 불가하다고 한다.

잠시간 약간 맥이 빠지고 허탈하기도 했다. 특히 추자도는 이정환 선교사님의 고향으로 사모님과 실로 8년여 만에 방문하는 것이라 설레셨는데 방문이 취소되어 더 아쉽고 죄송스러웠다. 하지만 나의 계획이 실패한다고 하여 주가 실패하시는 것은 결코 아니다. 지속되는 봄 가뭄으로 완도의 각 섬마다 제한 급수를 시행하고 있었으며, 식수마저 부족해 각 섬마다 생수가 공급될 정도의 극심한 가뭄 중에 내린 해갈의 비였다. 나 하나 따위가 섬에 들어가고 말고는 중요한 것이 아니었다. 모든 섬의 제한 급수가 풀리며 가뭄 끝에 섬 주민들 모두 해갈의 단비를 즐기고 있었다.

섬 전체를 은혜의 비로 적셔 더 큰 필요를 채우며 일하고 계시는 하나님을 찬양할 수밖에 없다. 어린이날 완도에 내린 무엇보다 반가운 선물 같은 비를 나는 평생 기억할 것이다. 나의 명철로는 가늠할 수 없는 주의 뜻과 선함을 신뢰한다.

도심 속 무의촌

 2021년 여름으로 기억한다. 광주광역시에서는 경험하기 힘든 경남 억양을 가진 50대 후반의 남자분이 어깨 통증으로 내원하셨다. 처음에는 순수하게 어깨 통증을 치료하기 위해 진료를 받으러 오셨고, 어느 정도 호전이 되었다. 이후 본인 소개를 하며 실은 고향이 경남 쪽인데 광주소년원 행정과장으로 근무하고 있다고 했다.
 그런데 대화 중 광주소년원에서 의사를 구하지 못한 지 꽤 시간이 흘러서 아이들 진료가 힘들어 어려움이 많다고 하셨다. 그러면서 혹시 주변 의사들 중에 그곳에서 근무할 사람을 좀 구해 줄 수 있겠느냐며 개인적인 부탁을 하셨다. 풀타임 근무가 힘들면 파트타임도 가능하다고 하셨다. 실제로 이렇게 의사를 구한 지 몇 년이 지나 이제는 본인이 발 벗고 나서서 알아보는 중에 있다고 하셨다. 하지만 본인도 이곳이 타향이고 아는 의사들이 없다며 어려움을 토로하셨다. 심지어는 애타는 말투로 원장님이 파트타임으로라도 좀 와 주면 안 되겠느냐고 물으셨다. 하지만 나는 개원 중이라 주 3회 소년원 진료를 하는 것은 물리적으로 불가능한 상황이라고 말씀드렸다. 그러면서 주변에 쉬고 있거나 소년원에서 아이들을 돌볼 만한 의사 동료들을 한번 알아보겠노라고 말씀드렸다. 그 후 실제로 알아보기는 했지만 딱히 후보자나 관심자를 찾기는 힘든 상황이었다. 근무 환경과 급여 수준 등이 맞지 않아서 그러는 듯했다.

그런데 얼마 후, 그 행정과장님이 또 진료를 받으러 와서 소년원에 의사 선생님이 꼭 필요하다며 부탁을 하셨다. 100여 명이 넘는 시설의 아이들이 의료적으로 소외되어 있는 셈이었다. 또 문제가 생길 때마다 위험을 감수하며 아이들을 외부 병원으로 데리고 나갈 수도 없는 일이었다. 물론 소년원 내부에 간호사 선생님이 계시기는 하지만 간호사만으로 의료를 감당하기에는 여러모로 벅찬 상황임을 다시 강조하셨다.

실은 다른 의사 선생님을 구하면서 그간 나 스스로도 소년원을 도울 여러 방안을 고민하고 있었다. 그러던 중 갑자기 어린 시절 아버지가 하시던 일이 떠올랐다. 아버지는 경기도 성남시에 개원한 후 하루 중 일부의 시간을 내어 성남구치소에서 의무과장 겸직으로 진료 활동을 해 오셨다. 당시에는 그게 가능했고, 정년까지 진료를 한 후 은퇴하셨다.

어렸을 때 아버지를 따라 가끔 구치소 내부를 방문하곤 했는데,

일반인들은 그저 면회소 방문 정도나 가능할 때 나는 교도소 내부를 수도 없이 드나들 수 있었다. 아버지를 따라 교도소 내부로 들어가는 길은 마치 영화의 한 장면처럼 삼엄한 경비와 교도관들의 시선으로 이어져 있었다. 셀 수 없이 많은 튼튼한 철책 하나하나가 금속성 소리를 내며 열리면 아버지께 경례를 보내는 교도관들 사이로 아버지 뒤꽁무니를 따라 미로같이 복잡한 건물 내부로 빨려 들어가곤 했다. 아이를 보기 힘든 교도소 내부의 직원이나 재소자들은 나를 아주 반가워하고 귀여워했다. 그렇게 나는 아버지 옆에 앉아 아버지가 구치소에 수감되어 있는 분들을 진료하고 처방 내리는 것을 지켜보곤 했다. 아버지는 이렇게 말씀하셨다.

"아들아, 나중에 너도 큰 잘못을 저지르면 이렇게 교도소에 오게 된단다. 너는 그런 일하지 말고 정직하고 성실하게, 남에게 피해를 입히지 말고 살아라!"

아마도 이 말씀과 더불어 체험하게 하려고 반복해서 나를 그곳에 데려가신 것이 아닌가 싶다.

사실 광주소년원은 한 번도 가 보지 않은 장소였다. 또한 이제 중년이 된 나에게는 전혀 마음의 빚도 없었던 것이 사실이다. 하지만 어린 시절 아버지와 구치소의 인연 때문인지, 아니면 아련한 나의 기억 때문인지 몰라도 광주소년원에 마음이 많이 쓰이는 것은 사실이었다. 그러던 어느 날 이런 생각이 들었다.

'매주 3회씩 방문해서 그 아이들을 돌볼 수 없다면, 차라리 한 달

에 한 번이라도 대가 없이 의료 봉사로 섬기는 것은 어떨까?'

그래서 다음번 방문한 행정과장님께 "제가 일주일에 3회씩 공식적으로 근무하는 것은 힘들지만, 한 달에 한 번 정도 비공식적으로 방문하면서 의료 봉사로 아이들을 돌보아 주면 어떻겠습니까?"라고 제안했고, 의사를 전혀 구할 수 없던 소년원에서는 이 제안을 아주 흔쾌히 받아들였다. 그래서 나는 매달 소년원 아이들을 대상으로 재활의학과와 관련한 분야의 진료를 시작하게 되었다. 이렇게 시작된 진료가 벌써 1년이라는 시간이 흘렀고, 중간에 코비드19 확산기였던 몇 달을 제외하고는 정기적으로 진료를 시행할 수 있었다. 그러다 2022년 말이 되었고, 매달 소년원 아이들을 진료해 준 것이 감사하다며 법무부에서 감사패를 전달해 주었다.

사실 이곳을 방문해 아이들을 볼 때마다 참 가슴이 아플 때가 많았다. 내 아들보다 어린 아이들의 몸이 문신으로 가득한 것을 볼 때 특히 그랬다. 심지어는 본인이 몸담았던 조직의 이름이 주홍글자처럼 새겨져 있는 것을 발견할 때 자녀를 키우는 아버지로서 깊은 탄식이 나왔다. 이제 불과 10대를 갓 넘긴 아이들이 사회에 디딘 첫발의 대가는 너무 가혹했다.

이곳에서 형을 기다리거나 살고 있는 아이들의 죄목은 정말 어른 범죄자들의 축소판이다. 성범죄와 도박, 강도, 폭행, 살인, 심지어는 마약까지 어른들의 문제와 똑같은 사회적 문제를 배경으로 이곳에 수감된다.

'유전무죄'라고, 같은 범죄를 저지르고도 힘 있는 부모들의 비호를 받는 아이들은 비싼 변호사를 붙이고 힘을 써서 소년원까지 끌려오지는 않는다. 이곳에 오는 아이들은 대부분 결손 가정인 경우가 많고, 때로는 선택의 여지 없이 이곳까지 흘러온 아이들도 있다. 이곳에 한 번 발을 디디면 비행 청소년 혹은 소년원 출신이라는 딱지를 붙이고 평생을 살아가게 된다. 앞으로 창창히 남은 성인으로서의 삶이 이들에게 어떻게 펼쳐질지 우려스럽고 안타깝다.

이제 어린 시절의 아버지는 돌아가시고 내 곁에 계시지 않지만, 어렸을 때 재소자들을 가엾게 여기고 돌보셨던 아버지의 모습이 중년의 의사가 된 나에게서 겹쳐 보이는 듯하다. 그리고 그 안타까움을 통해 모두에게서 잊힌 이들마저도 돌보게끔 하나님께서 내 마음을 움직이신 것이라고 여겨진다.

감사패를 들고 집으로 돌아가는 차 안에서 참 여러 가지 생각이 스쳐 간다. 삶에서 세운 꿈과 계획과는 별도로 하나님은 뜻하지 않은 만남을 통해 명령하고 이끄신다는 것을 경험하고 고백한다. 그러므로 열정적으로 기도하면서도 때로는 작게 속삭이시는 하나님의 음성을 결코 놓치지 않도록 삶의 주도권을 주께 항상 열어 두어야겠다고 다짐한다. 그러면서 내 것만을 채우는 데 함몰되지 않고 그분께 순종하고 나누며 하늘의 상급을 쌓는 청지기로서의 삶을 계속해서 살아가야겠다고 다시 한 번 결심한다.

상처 입은 선의(환우께 드리는 글)

　　때로는 삶에서 뜻하지 않은 고통을 통해 주를 바라보게 하시는 순간이 있다. 이 정도면 잘 살고 있지 않은가 자부하는 그 순간에 하나님은 남은 그 껍질마저 산산조각 내실 때가 있다는 것을 경험한다. 병원을 방문하고자 먼 지역에서 찾아와 장시간을 대기하며 진료를 받으려는 환우들에게 나는 한 곳이라도 더 치료해 주려고 했다. 하지만 이러한 선의는 현실에서는 감당하기 힘든 수준의 진료비 삭감이라는 상처로 돌아왔다. 감정적으로나 경제적으로 타격을 입은 나는 더 이상 이러한 선의와 배려를 담은 진료 방식을 유지할 수 없었다. 그래서 병원에 나의 심경을 담은 장문의 글을 게시했다.

　　안녕하세요? 저는 여러분을 성심으로 진료하고 있는 박정욱 원장입니다.

　　아시다시피 저는 약 8년 전에 개원했습니다. 늘 양심적이며 근거에 입각한 의학을 바탕에 두고 여러분을 치료해 왔다고 자부합니다.

하지만 지난 7월부터 아무런 사전 고지 없이 천문학적 금액의 치료비 삭감을 심사평가원으로부터 일방적으로 통보받았습니다. 바로 여러 부위를 치료해 주었다는 이유입니다. 장시간 진료를 대기하며 찾으시는 환우분들의 시간과 건강을 염려해 한 곳이라도 더 돌봐 드리려 했던 제 선의가 무참히 짓밟히는 순간이었습니다.

여러분의 상식처럼 초과된 부위의 금액만 삭감할 것 같지만 그렇지 않습니다. 치료한 금액 전부를 삭감하고 심지어 제가 환우분들에게 받은 금액마저 징벌적으로 다시 돌려준다고 합니다. 그리고 우편으로 병원의 부적절 진료에 대한 환급이라며 각 가정으로 고지를 할 것입니다.

치료비 전부를 부정당하고 삭감 및 환수당하는 것도 고통스럽습니다. 하지만 무엇보다 진료의를 힘들게 하는 것은 마치 제가 어떤 불법이라도 저지른 듯한 뉘앙스로 환우분들에게 오해받는 상황을 조장하는 것입니다. 이러한 국가 기관의 횡포에서 가장 분노하는 것은 바로 이렇게 환우와 의료진 사이의 이간질을 유도한다는 데 있습니다.

혹시라도 여러분의 가정에 이러한 안내문이 전달되고 환급이 가능하다는 고지가 온다면, 얼마든지 금액을 환급받으셔도 좋습니다. 다만, 환우의 단 한 곳이라도 더 어루만지려 했던 제 성의를 과잉 진료를 한 의사로 오해하는 불명예스러운 시선은 거두어 주시기 바랍니다.

　이러한 억울함에 저 또한 많이 당황하고 힘들어 진료를 잠시 쉴까도 고민해 보았습니다. 다행히 추석 연휴가 겹쳐 쉬면서 생각을 정리하고 이 글을 남깁니다. 언제까지가 될지 모르겠으나 앞으로도 저는 제게 주어진 일을 하며 묵묵히 여러분의 건강을 지키겠습니다. 제게서 오해를 거둬 주시고 부디 작은 응원을 주시기를 부탁드립니다.

2022년 추석 연휴
박정욱 원장 올림

환우에게 위로받는 선의(어느 환우의 답글)

감사하게도 이러한 나의 호소에 같이 가슴 아파하며 공감해 주는 한 환우의 편지를 받았다. 진료에 진정성을 담으려 했던 나와 직원들의 헌신을 격려하는 그의 답장에 우리의 상처가 조금이나마 아무는 듯했다. 이제 다시 힘을 내어 걸어가야 할 것이다.

아픕니다. 저는 아무 힘없는 흙 만지는 사람입니다. 오늘 지인이 탑팀재활의학과 진료를 받으러 갔다가 원장님이 붙여 놓은 글을 사진으로 찍어 제게 보내 왔습니다. 그 글을 읽고 흙을 만지지 못했습니다. 이유는, 탑팀의 공간에서 흐르는 진정성을 저는 틀림없이 전해 받았기 때문입니다. 그래서 아픕니다.

저는 탑팀재활의학과 원장님과 일개의 연결 고리도 없는 환자일 뿐입니다. 무안에서 일 년여 치료를 위해 정기적으로 병원을 드나들면서 저는 보았고, 느꼈습니다. 환자가 많을 때 기다리면서 병원의 흐름이 나름대로 저에게 기록되었습니다. 그것은 진정성이었습니다. 말로 인해 정의 내리는 진정성이 아니라 원장님이 환자들을 대할 때 느꼈고, 어린 환자들을 대하는 모습에서 절로 전해져 왔습니다.

　제가 살면서 여러 병원에서 느꼈던 보편적인 퉁 뭉친 진료가 아니라, 개개인의 아픔을 개별성으로 치료해 보려는 의지가 제게도 전해져 왔습니다. 또 간호사 선생님들에게서는 어느 병원에서도 쉽게 느끼지 못했던 열정을 느꼈습니다. 한 번 가서 받은 단편적인 느낌이 아니라, 일 년여를 매번 갈 때마다 느꼈습니다. '어떻게 자기들이 원장도 아닌데 다들 저렇게 자기 병원처럼 최선을 다할 수가 있지? 아이들 이름을 어떻게 하나하나 전부 기억하면서 불러 줄 수가 있지?' 저는 못 할 일을 해내는 것을 보면서 아, 이래서 '탑팀'이구나 싶었습니다.

　저는 이런 진정성을 책을 통해 느낀 것이 아니라 환자로서 몸으로 직접 느꼈습니다. 그래서 '탑팀'의 환자로서 병원의 지금 상황에 가슴이 너무 아픕니다. 부디 원장님과 간호사 선생님들과 운동 치료 선생님들과 물리치료실 선생님들과 병원의 모든 선생님들이 잠시 휘청거릴지라도 쓰러지지는 않기를 바랍니다. 더 이상 이들의 진정성이 다치지 않기를 기도합니다.

2022년 9월 13일
한○○ 올림

말을 닮은 마삭도와 비둘기를 닮은 구도

여름 방학과 휴가 기간에 완도군 섬들은 각종 교회와 선교 단체의 단기 선교와 손님들의 방문으로 쉴 틈 없이 분주하다. 이러한 봉사와 후원이 연중 고르게 분포되면 더욱 바람직하겠지만 매년 7, 8월은 낙도 순회선교사인 이정환 선교사님께도 가장 바쁜 시기여서 이 시기는 잠시 의료 봉사의 휴식기로 삼고 있다. 오히려 사람들의 관심과 도움이 적어지며 날씨가 쌀쌀해지는 매년 9월부터 다시 소외된 섬들을 찾아 매달 의료 봉사를 시작하고 있다.

두 달간의 긴 여름이 지나고 간호사 두 분과 오산이음교회 정찬석 목사님을 모시고 아침 일찍 섬으로 향했다. 정 목사님은 수요일 본교회의 저녁 예배를 마친 후 밤에 SRT를 타고 광주로 와서 1박을 하고 다음 날 합류해 다시 섬까지 다녀오시게 된다. 경기도에서 전남 완도군 노화도까지 다녀오는 긴 여정이다. 어려움에도 되도록 참석하고자 노력하시는 그의 헌신과 열정에 감사를 드린다. 사실 진료보다는 진료를 통해 모여드는 분들에게 전해지는 복음과 목회자의 사랑이 일회적인 의사의 방문보다 훨씬 의미 있다고 본다. 나는 그저 그런 자연스러운 계기를 만들어 주는 자일 뿐, 현장에서 그들의 손을 잡고 이야기에 귀 기울여 주며 그리스도가 그들의 삶에 뿌리내리게 하는 전도 사역이 정말 중요하다고 믿기 때문이다.

사실 완도군 낙도를 방문하는 일은 생각보다 많은 시간과 노력을 필요로 한다. 앞에서도 언급한 바 있지만, 뭍에서 오가는 여객선의 간격과 수는 해당 섬의 경제력과 인구에 정확히 비례한다. 비교적 부유한 섬들은 뭍에 닿을 접근성과 기회가 훨씬 수월하다. 또한 인구도 병의원을 운영하기에 충분해 대부분 섬 주민들을 위한 의료 시설을 어느 정도 갖추고 있는 경우가 많다. 반면에 우리가 찾아가고자 하는 섬들은 하루에 한 번 정도 여객선이 운항하거나 그마저도 없어 사선을 구해 드나들어야 하는 소외된 곳이다.

광주에서 보통 두 시간이 넘는 거리에 위치한 항구까지 도착해서 오전 7-8시에 출발하는 배에 승선하기란 여간 어려운 일이 아니다. 그래서 보통은 수요일 오후에 직원들과 같이 일찍 떠나 항구 근처의 섬이나 지역을 여행하고 맛난 음식을 저녁으로 즐긴 후 여유롭게 항구 근처에서 숙박을 하고 아침 일찍 나서는 형태로 봉사를 진행한다. 봉사도 좋지만, 체력이 소진되어 다음의 일상까지 영향을 미치는 무리한 일정은 지양해야 한다는 생각 때문이다. 넉넉한 일정과 행복한 여행이 가미된 봉사는 함께하는 직원들과 봉사자들에게 잠시의 기쁨과 일체감을 선사하는 아름다운 추억으로 자리하는 경험을 하곤 한다.

하지만 이번에 방문하는 마삭도는 비교적 큰 섬인 노화도에 가까운 섬으로 아침부터 30분 간격으로 여객선이 드나들어 당일 아침 7시에 광주에서 출발할 수 있었다. 말 모양으로 생겼다고 하여 이름 붙여진 마삭도는 아홉 가구, 스무 명 이내의 사람이 거주하는 작은 섬이다. 오전 9시경 해남 땅끝항에 도착해 9시 반 여객선을 승선하여 노화도에 도착했다.

늦은 장마로 부슬비가 쏟아지고 있었다. 노화도 산양진항 바로 옆 부두에서 마삭도 이장님의 배에 올라타 마삭도 부두까지 사선으로 10분 더 이동했다. 비가 오거나 추운 날 작은 선실의 안팎은 비행기의 비즈니스석과 이코노미석보다 더한 차이를 느낄 수 있다.

가랑비 사이로 마삭도의 윤곽이 점점 드러났다. 아담한 섬에 모여 사는 선한 주의 백성이 다가온다. 이곳 마삭도교회에서는 여목사님이 목회를 하고 계셨다. 처음에는 여러 어려운 시절이 있었으나 이제는 섬 주민들과 한집안 식구처럼 지내는 모습이 훈훈한 분위기를 자아냈다. 실은 이 섬에 오기 전 이정환 선교사님께서 전화를 해 이렇게 물으셨다.

"원장님, 마삭도에 가면 한 다섯 분 정도만 진료할 것 같은데, 들어가시겠어요?"

나는 이렇게 답했다.

"단 한 명이라도 필요한 분이 있다면 들어가겠습니다."

진심이었다.

마을 회관에 봉사 준비를 하고 마을 분들을 돌보았다. 큰 도움도 드리지 못한 것 같은데 점심으로 섬에서 나는 전복, 해삼, 간재미 (가오리), 문어 등 각종 해산물을 이용해 거한 진수성찬을 차려 주셨다. 오히려 손님으로 더 대접받는 황송한 기분이었다. 오갈 때 배를 태워 주신 이장님이 식사 후 설거지까지 하셨는데, 섬김의 자세가 아름답게 보였다.

마삭도의 작은 마을에는 90세에 가까운 두 분의 할아버지가 계셨다. 한 분은 등이 좀 굽었으나 여전히 정정하셔서 주변의 분위기를 압도할 정도로 큰 목소리와 활동력을 가지셨다. 우리 일행에게 대접할 문어를 데칠 때 여 목사님이 소주가 필요하다고 하자 집에서 당장 소주를 꺼내 오시기도 했다. 소주를 넣어 데친 문어는 정말 부드럽고 맛있었다.

반면에 마을 회관까지도 나오지 못해 집에 누워 계시는 또 다른 할아버지가 계셔서 우리는 진료 후 마을 언덕을 올라 할아버지가 혼자 사시는 집으로 왕진을 갔다. 병색이 깊고 온몸이 말라 버린 백발의 할아버지가 방 안에 누워 계셨다. 화장실도 다니기 어려워 주변에 둔 소변통 주위로 파리가 가득했다. 방으로 들어가 어디 아프신 데가 있느냐고 여쭈어 보니 아픈 데는 없는데 숨이 차고 다리에 힘이 없다고 하셨다. 이를 의학적으로는 'deconditioning'(탈건조화)이라고 하는데, 장기간 침상에만 누워 있을 경우 심혈관 순환과 폐 용량이 감소해 호흡이 감소하며 신경계마저 둔해지는 상태를 말한다. 의사로서 이런 경우에는 무력감을 느끼지만, 그분을 향한 그리스도의 긍휼이 느껴졌다. 동행한 오산이음교회 정찬석 목사님에게 안수 기도를 부탁했다. 이분의 삶에 그리스도의 임재 외에 그 어떤 것이 소망이 될 수 있을까?

이제는 다시 노화도로 돌아가 연육교로 이어진 구도에 들어가 오후 진료를 마무리해야 했다. 배를 타고 나오는데도 한참 멀리서 손을 흔들어 주는 그들의 환송에 깊은 정과 감사를 느끼며 말 모양의 섬을 떠났다.

구도는 노화도에서 북동쪽에 위치한 연육교로 이어진 섬이다. 사선으로 다시 산양진항에 내린 우리는 차량을 이용해 약 15분 정도 달려 구도로 진입했다. 다리를 건너 섬 쪽으로 향하다 보니 낯익은 섬의 모습이 보였다. 바로 몇 달 전에 방문했던 소안도다. 호리병 모양을 한 소안도를 보니 반가운 마음에 이 구도마저 낯설게 느껴지지 않았다.

노화도에서 이어진 연육교를 넘어 구도 마을 회관에 들어서 지역 교회 목사님 내외와 인사를 나눈 후 진료를 시작했다. 스무 명 남짓을 진료했는데 역시나 허리와 무릎, 어깨 등의 만성 근골격 질환들이다. 부족한 처치에 그리스도의 은혜로 회복이 있기를 바라며 진료를 이어 갔다.

"주여, 이 시술로 이들이 회복되어 제가 아닌 당신을 찬양하게 하소서. 이곳 교회와 사역자들이 하나님이 어떤 위대한 존재인지를 깊이 알게 하소서."

다시 만나기 힘든 섬 주민을 진료할 때 그 뒤를 돌보아 주실 주님께 진심 어린 기도를 하게 된다. 일상에서는 경험하기 힘들거나 무뎌져 버린 의학의 완성, 그것은 바로 주님의 긍휼과 능력을 구하는 것이라는 사실을 다시금 기억한다.

한편, 마삭도교회는 해변에 위치한 까닭에 바닷물과 태풍으로 많은 수리가 필요했다. 초창기에 여 목사님은 부엌 싱크대에서 씻으셨다고 한다. 그러다 이정환 선교사님과 주변 분들의 섬김으로 화장실과 교회 탑 등이 수리되어 지금의 멋진 건물의 위용을 찾았다고 한다. 작은 섬마다 섬기고 돕는 이정환 선교사님의 사역과 건강에 주의 돌보심이 깊이 임재하기를 기도했다.

구도에서 진료가 끝나고 정 목사님을 통해 들은 이야기다. 한 할머니가 자기는 마음이 너무 아프다며 기도를 부탁했다고 한다. 그렇다. 그런 분들의 한 맺힌 사연을 듣고 더불어 공감하며 기도해 주는 것이 얼마나 중요한지를 다시금 깨닫는다. 병원에서는 하루에 많게는 세 자릿수가 넘는 환우를 돌보며 때로는 시간에 쫓기는 경우가 허다하다. 각 사람의 육체뿐 아니라 영혼과 마음도 어루만지는 의사가 되어야 하건만, 부족한 체력과 시간 앞에 나는 무심히 최고의 진료를 포기하는 셈이 아닐까? 매 순간 삶의 현장에서 부족한 영육의 능력을 주님께 의탁하며 겸손한 의사로 환우들을 돌보고 섬겨야겠다고 다짐해 본다.

미술관이 있는 예술의 섬, 연홍도

청명한 가을 아침이다. 탑팀의 간호사들 그리고 오산이음 교회의 정찬석 목사님과 함께 거금도를 향한 동행 이야기가 시작되었다. 한결같이 하루 전날 밤에 광주로 내려와 이른 아침부터 동행해 주시는 정 목사님의 수고가 늘 고맙다.

가을은 남자의 계절이라는데, 나는 가을만 되면 왠지 쓸쓸하고 허무한 느낌이 들곤 한다. 하지만 내가 좋아하는 사람들과 함께하는 길은 언제나 힘이 나고 즐겁다.

오늘은 그동안 늘 가던 완도군 행정구역의 섬이 아닌, 완도군과 이웃하고 있는 고흥군의 작은 섬, 연홍도로 향했다. 협력하는 이정환 선교사님의 지경과 사역의 범위가 늘어나면서 그에 발맞추어 우리의 봉사 지역도 확장되고 있었다. 큰 육지에서 도로로 이어진 고흥반도, 거기에서 또 바다 위 도로로 이어진 섬 거금도, 거기서 다시 배를 타고 들어가는 작은 섬 연홍도. 그곳이 우리의 목적지다.

고흥반도에서 거금도 사이를 이어 주는 바다 위 도로를 달려 항구에 도착했다. 오전 내내 잔잔히 내리던 비가 완전히 물러가고 파란 바다와 상쾌한 하늘이 항구의 배경으로 펼쳐져 있었다. 생전 처음 와 본 거금도의 신양 선착장은 바다와 하늘이 구분되지 않을 만큼 아름다운 색으로 반짝이고 있었다. 때마침 소풍 나온 귀여운 아이들과 같이 배에 올랐다. 뜻밖에 만난 귀여운 동행자들 덕분에 마음이 파란 하늘만큼 시원하고 구름처럼 몽글몽글했다. 멀리 보이는 작은 섬이 "어서 와, 연홍도는 처음이지?" 하고 가까이 다가오며 손짓하는 듯했다.

한글의 'ㄱ'자 모양을 한 섬에는 특이하게도 미술관이 있다. 그래서인지 섬에는 '지붕 없는 미술관'이라는 애칭이 있다. 국내에서 제주도를 제외하고는 미술관이 있는 유일한 섬이어서 그런지 실제로 '예술의 섬'이라고 불리고 있다. 섬의 위치는 고흥군의 거금도와 완도군의 금당도 사이에 있어 완도군의 섬들과 가까운 이웃이다.

연홍도 선착장에 도착하니 연홍교회를 섬기고 계신 박래훈 목사님이 반갑게 맞아 주셨다. 섬 한가운데 마을 언덕에 위치한 아름다운 연홍교회가 우리의 봉사 장소다. 교회 앞 부지가 금잔디로 깔려 있어 하얀색의 교회 건물과 찰떡의 색감을 띠고 있었다.

이 연홍교회도 처음 이정환 선교사님이 오셨을 때는 교회 건물과 지붕이 심하게 낡고 부식되어 있었다. 마을 언덕 중턱에 있는 낡은 교회를 위해 모두가 힘을 합쳐 지붕과 건물을 수리했다. 따뜻한 마음의 섬김으로 잔디와 잘 어울리는 빨간 모자 지붕을 쓰게 된 교회가 얼마나 이 섬과 잘 어울리는지, 볼수록 기쁨과 감동이 몰려왔다. 섬마다 다니며 주의 몸 된 교회를 돌보고 수리하는 데 수고를 아끼지 않는 이정환 선교사님. 그분의 헌신과 사역 그리고 건강을 위한 기도가 절로 나왔다.

진료가 시작된다는 소문에 연홍교회 십자가 아래로 주민들의 전동 휠체어가 속속 도착했다. 교회 앞 잔디 마당이 작은 주차장으로 변모했다. 먼저 도착하여 우리를 기다리던 서너 분의 어르신이 금세 수십 명으로 늘어났다.

수년간 손발을 맞추어 온 탑팀 간호사들은 눈치 빠르게 어르신들께 자세를 낮추고 찾아가 말을 건네며 아픈 곳을 살펴 드렸다. 이들의 따뜻한 미소와 공감에 어르신들의 마음이 크게 열리는 것이 눈에 보였다. 늘 보던 팀원들이지만 오늘따라 정말 더 고맙고 아름답게 느껴졌다. 일반적 고용 관계를 떠나 쉬는 날에도 이 먼 곳까지 동행해 아낌없이 봉사에 참여해 주는 이들이 늘 존경스럽고 감사하다.

연홍교회 박래훈 목사님은 15-20명 정도의 교인을 섬기고 계신다. 사역만으로는 생활이 어려워 사모님은 섬 밖에서 부업을 하느라 주 중에는 자리를 비우신다고 했다. 목사님께서는 우리 일행의 점심을 제대로 대접하지 못해 송구하다며 직접 잡아 놓은 갑오징어와 돌문어를 정성스럽게 쪄서 점심으로 대접해 주셨다.

옆 마을에서 공수해 오신 뼈를 발라 내고 만든 장어탕은 정말 놀라운 맛이었다. 얼마나 맛있었는지, 그 식당을 수소문해 택배로 받아 다시 먹고 싶은 마음이 들 정도였다. 섬에 봉사를 갈 때마다 받게 되는 큰 환대는 언제나 감사하고 오랫동안 기억에 남는 감동이 된다.

다른 섬들과 마찬가지로 어르신들은 주로 어깨, 허리, 무릎 등의 만성 질환이 다수였다. 준비해 간 초음파로 최선을 다해 어르신들의 팔, 다리, 허리를 검사하고 증상에 필요한 주사 시술을 해 드렸다.

진료가 이어지는 중, 다른 한쪽에서는 함께 간 정찬석 목사님이 어르신들 한 분, 한 분을 만나 이야기를 나누며 복음을 전하고 있었다. 정 목사님은 교회에 나오지 않고 있는 한 어르신을 따뜻한 눈길로 바라보며 손을 잡고 그분의 이야기를 들어 드리다가 꼭 안고 기도해 주셨다.

예전에는 어렵게 접근했던 섬과 섬 사이를 연결해 주는 바다 위의 도로와 같은 역할로 불러 주신 주님께 감사하다. 선구자 되신 예수님께서 작은 자들, 소외된 자들, 가난한 자들, 몸과 마음이 아픈 자들에게 기꺼이 다가가 만나 주시고, 눈을 맞춰 주시고, 아픈 곳을 어루만지며 낫게 해 주시고 그들을 영생으로 인도하셨던 것처럼, 우리 팀의 진료와 정찬석 목사님의 따뜻한 대화와 기도가 연홍도에 뿌리를 내리고 섬기고 계신 박래훈 목사님과 이정환 선교사님의 사

주께서 내미시는 온전한 치유의 손길

역과 열정에 지지와 격려가 되는 작은 섬김이 되었기를 기대한다.

나의 눈과 손은 어르신들을 치료하지만, 동시에 나의 속사람은 주님을 찾으며 기도한다.

'주여, 미천한 종의 손길로 주님이 창조하신 어르신들의 아픈 곳을 만지며 치료합니다. 이를 통해 주님의 영광과 거룩하심이 드러나게 하소서. 이 섬의 어르신들이 생전에 예수님을 만나 하나님과 화목하게 되기를 소원합니다. 또한 주님의 사랑과 은혜를 경험하며 예수 그리스도를 통해 하나님의 영광의 찬송이 되게 하소서. 연홍도의 영혼들을 주님의 마음으로 섬기는 박래훈 목사님과 이정환 선교사님의 사역과 가정에 주의 깊은 돌보심과 열매가 가득하기를 기도합니다.'

여객선을 타기 전까지 40분 정도의 여유 시간이 있어 우리는 선착장에서 잠시 낚시 체험을 하기로 했다. 호기롭게 도전한 문어와 갑오징어 낚시. 아쉽게도 문어와 갑오징어는 연홍도처럼 우리를 반겨 주지 않았다. 푸르른 바다 앞에서 보낸 시간은 잠깐이었지만, 가을의 연홍도 동행 추억을 오랫동안 남겨 줄 행복한 기억이 되었다.

나의 도덕성을 시험 받다

여느 날과 같던 어느 월요일, 오전 진료를 마치고 점심 식사를 나서던 참이었다. 갑자기 놀란 간호사가 진료실로 들어와서 말했다.

"원장님, 보건복지부에서 실사를 나왔다고 하는데요."

나는 깜짝 놀랐다. 너무나 뜻밖이었고, 또 당황스러웠다. 게다가 사전에 고지가 없었기 때문에 이게 무슨 일이지 싶을 정도로 믿기 어려운 상황이었다.

'내가 무슨 잘못을 했나?'

두려운 마음과 함께 찰나의 순간에 여러 가지 가능성이 스쳐 지나갔다.

심사평가원 직원으로 구성된 5인의 팀이 보건복지부 장관 명령서를 내밀며 병원 조사에 협조하라고 했다. 자체 감시 프로그램에서 우리 병원에서 사용한 약제와 청구량에 차이가 있어 조사하러 나오게 되었다고 했다. 그리고 다짜고짜 실사에 협조하겠다면 서명을 하라고 재촉했다. 만약 협조하지 않으면 최대 업무 정지 1년을 줄 수 있다며 부드러운 말투와 달리 큰 압박을 해 왔다. 애써 태연한 척하며 이렇게 말했다.

"여러분도 사심 없이 본인들의 일을 하는 거라는 것은 잘 압니다. 하지만 아무런 고지 없이 마치 제가 무슨 범죄라도 저지른 것처럼 이렇게 갑자기 찾아와서 조사에 협조하라는 것은 납득하기 힘듭니다. 심지어 검찰 조사도 무죄 추정의 원칙에서 시작하며 영장 없이는 진행되지 않는 것으로 알고 있는데 말입니다. 무슨 착오나 잘못이 있는지는 모르겠지만, 참으로 유감이고 감정적으로도 격앙되어 받아들이기 힘듭니다. 저도 지역의사회와 의협과 상의를 한 후에 조사에 협조할지 결정하겠습니다."

의협과 상의한 결과 의사 회원에게는 1회에 한해 갑작스러운 조사에 대해 거부할 수 있는 권한이 있고, 충분한 자료를 가지고 소명을 한 후 조사를 받을 수도 있다고 했다. 물론 특별한 문제가 없다고 판단된다면 있는 그대로 조사를 진행해도 된다고 설명을 들었다.

만약 나조차도 인지하지 못하는 문제가 다량 발견된다면 어떻게 해야 할지 고민이 되었다. 몇 가지 짐작이 가는 찜찜한 부분은 있었으나 그것이 이렇게 현지 조사까지 나올 사안은 아니라는 판단이 들었다. 그러나 저들이 아무런 근거나 자료 없이 서울에서 광주까지 다섯 명이나 되는 팀을 2박 3일간 파견할 리 만무했다.

생각이 거기에 머물자 엄청난 긴장과 혼란이 몰려왔다. 병원을 개원한 지 햇수로 10년을 향해 가고 있었지만 난생처음 겪는 너무 당황스럽고 불안하기 짝이 없는 일이었다. 마지막 결정은 나의 몫이었다.

'피하지 말고 조사를 받자. 매도 먼저 맞는 것이 낫다고 했다. 뭐가 잘못되었을지 재조사를 의식하며 수개월을 근심하는 것보다 남자답게 조사를 받고 처분을 받으면 될 일이다.'

점심도 거르고 고민한 끝에 우선은 조사를 받기로 했다. 다시 병원으로 방문한 그들은 몇 가지 사항을 미리 안내했다. 그중 가장 근심스러운 부분은 이것이었다. 그들은 우선 6개월간의 진료 자료를 조사한다고 했다. 그리고 그 후에 조사 내용에 이상이 있으면 조사 범위를 3년까지 확대할 수 있다고 했다. 그리고 잘못이 발견된 사항에 대해서는 금액으로 환수를 하거나 행정 처분이 내려질 수 있다고 알려 줬다. 행정 처분이라 함은 쉽게 말해 업무 정지를 말하며, 병원 문을 일시적으로 닫아야 하는 상황이 벌어질 수도 있다는 이야기였다. 나를 포함해 열일곱 명이나 되는 병원 직원의 생계와 병원 이전으로 이미 지불되고 있는 은행 이자와 원금을 생각하니 짐짓 두려운 마음도 들었다.

병원 운영의 차원에서 생각해 보면 업무 정지는 마치 청천벽력과도 같은 일이다. 조사를 받기로 한 후 오후에 환자를 보면서도 한편으로는 계속 다른 염려에 사로잡혀 있었다.

'무슨 이유로 이러한 긴급한 실사를 받게 되었을까? 정말로 이 일이 크게 터지면 어떡하지?'

온갖 불안한 상상이 나를 수도 없이 스쳐 갔다. 하지만 그때마다 지금 이 순간이 바로 기도해야 할 때라는 확신이 들었다.

'하나님께서 기도하라고 하시는구나! 나의 능력 없음을 고백하고 전능하신 그분께 간절하고 겸손히 도움을 구하자! 주여, 이 연약하고 불안하며 한 치 앞도 모르는 당신의 자녀를 불쌍히 여기소서. 그리고 제게 잘못이 있다면 자비를 베풀어 주소서.'

이 사안은 더 이상 상황이 아니라 절대자 하나님 앞에 간절히 도

압박감 속에서 구하는 주의 간절한 은혜

움을 구하라는 절박한 메시지로밖에는 이해되지 않았다. 기도가 절로 나오는 순간이었다. 계속해서 깊은 한숨과 함께 주를 찾고 있었다.

그때 존경하던 기독 의사이자 멘토인 광주 사랑샘병원 서강석 원장님의 병원도 개원하자마자 마찬가지로 보건복지부의 실사를 받았다고 했던 기억이 났다. 그 팀도 병원에 나와 여러 가지를 조사했지만 건강 검진 항목에서 아주 경미한 사항으로 착오에 의해 청구된 심전도 수가 정도만을 환수하고 아주 가볍게 넘어갔다고 했다. 심적으로 힘들었지만 오히려 조사하러 온 직원들이 먼저 그 선배 의사에게 나름 양심적으로 병원을 운영하고 계신다고 말씀드렸다고 했다.

여러 가지로 불안한 와중에 나도 단지 잘못이 발견되지 않기를 바라는 수동적인 마음에서 벗어나 새로운 관점의 기도 제목이 생기기 시작했다. 객관적인 기관의 잣대로 사업장을 조사해 보았을 때 나에게 어떤 티끌이 보인다면, 그것이 내가 모르고 행한 일이라 할지라도 대가를 치러야 한다고 받아들이게 되었다.

'그래, 죽으면 죽으리라. 결과는 주님께 맡기고 내 일을 평상심으로 해 나가자! 이 상황을 스스로 자부하는 것이 아닌, 진정으로 사람들 앞에서 나의 도덕성과 병원 운영에 대한 객관적인 평가를 받아 보는 순간이라고 여기자!'

그렇게 마음을 추슬렀다고 여겼지만 사람의 마음은 하루에 열

두 번도 더 변한다고 하지 않는가? 여전히 무거운 긴장감과 스트레스 가운데 계속해서 진료를 이어 갔다. 환자들 앞에서는 밝게 웃었고, 직원들 앞에서는 불안한 모습을 보이지 않으려고, 또 리더로서 흔들리지 않는 모습을 보이려고 애써 표정 관리를 하고 있었다. 그러나 혼자 있을 때 나오는 한숨과 불안은 쉽게 제어하기 힘들었다. 그때마다 입버릇처럼 하나님을 찾고 있는 내 모습은 숨길 수가 없었다.

그렇게 더딘 1박 2일이라는 조사 기간이 흘렀다. 그다음 날 진료가 거의 끝나 갈 저녁 무렵, 실사 팀이 나를 찾았다. 대표 격인 팀장이 들어와 이때까지 조사했던 내용을 쭉 설명하며 주사제 중에 '리도케인'이라는 마취제의 용량이 실제보다 조금 더 많이 청구된 것은 확실하다고 했다. 그리고 그 부분에 대해서는 환수를 해야겠지만, 그 주사제가 한 병에 몇 백 원 단위에 불과해 실제로 사용한 양과 제약회사에서 입고한 용량의 괴리가 있는 것은 분명하다고 했다. 그래서 6개월간의 아주 적은 금액의 환수는 어쩔 수 없이 원칙대로 시행하겠다고 알려 왔다. 하지만 전반적으로 큰 문제는 발견되지 않았고, 그 외의 가벼운 시정 및 주의 사항을 주며 개선해 달라고 요구했다.

다행히 염려했던 행정 처분의 대상은 아니며, 아주 가벼운 수준의 환수만 진행하는 것으로 마무리되었다. 진정 이틀간 주께 매달린 기도의 응답을 받는 순간이었다. 지나간 시점에서 이렇게 글로 남기지만, 지금도 그 순간을 떠올리면 정말 아찔하고 가슴이 철렁하다.

하지만 내가 존경하고 따르던 서강석 원장님의 말씀이 다시 떠올랐다. 그분은 기독 의사로서의 실력과 인격 그리고 신앙을 모두 갖춘 분으로서 나의 의사로서의 삶 내내 큰 영향과 조언을 주신 분이다. 젊어서는 공보의 시절에 '구원호'라는 배를 타고 전국의 소외된 섬을 돌면서 진료를 행하신 분이다. 어쩌면 내가 지금 하는 섬 봉사도 바로 이러한 헌신된 선배의 뒤를 따르는 것에 불과할 것이다. 서강석 원장님이 한때 내게 이렇게 말씀하셨다.

"박 원장, 정말 그리스도인이라면 스스로 자부하거나 판단하는 것으로는 부족하네. 정말 외부에서 누가 실제로 조사를 한다고 하여도 어떤 티끌이나 허물이 잡히지 않을 정도로 그렇게 정직하고 바르게 자신의 삶과 터전을 일구어 가야 한다네."

그 말의 무게를 체험하고 나서야 전적으로 이해하게 되었다. 이틀 동안 단 한 끼의 식사밖에 하지 못할 만큼 극도로 긴장되고 힘겨운 시간이었다. 그러나 그 어려움 속에서 오히려 하나님을 만나고 그분을 더 깊이 경험하게 되었다. 그분이 매 순간 나와 동행하신다는 것을 영혼을 다해 신뢰한 치열한 시간이었다. 오히려 고난 속에서 얼마나 하나님을 더 많이 붙잡았는지 그리고 보다 더 하나님께 가깝게 다가갔는지를 깨달았다.

나의 고통의 너머에는 늘 그분이 인자하게 서 계셨다. 내 삶이 내가 바라는 방향과 다르다 할지라도 주님은 그저 나의 목소리와 고백을 듣고 싶어 하신다는 것을 믿는다. 어떠한 어려움이나 벅찬 행복의 찰나에도 나의 손을 꼭 잡고 함께하시는 그분을 찬송한다.

항상 기뻐하고 항상 감사하고 항상 기도하는 순간들로 내 삶이 가득 채워졌으면 한다. 그래서 이날을 주와 순례의 길을 같이 걸은 아름다운 시간으로 잊지 않고 늘 기억하며 간직하려 한다.

"내가 여호와께 간구하매 내게 응답하시고 내 모든 두려움에서 나를 건지셨도다"(시 34:4).

낯선 타국에서 만난 하나님

개원해서 의사로서, 경영자로서 살아가는 것은 사명감 없이는 감당하기 힘든 일임을 고백한다. 앞에서도 언급했듯이 매일의 진료가 도전이며, 뜻하지 않은 고통과 억울한 에피소드들이 끊임없이 나를 찾아오곤 했다. 정말 지치고 힘든 나날의 연속을 견디다가 용기를 내어 수년 만에 약 2주간의 휴가를 내어 코비드19 발생 전인 2019년, 아내와 아들과 함께 유럽 여행에 올랐다. 〈왕좌의 게임〉이라는 미국 장편 드라마 시리즈에서 'King's Landing'의 촬영지로 등장하는 '두브로브니크' 등을 방문하기 위해 크로아티아의 수도인 자그레브 공항에 도착했다. 이곳에서 우리의 대장정이 시작될 터이다.

긴 이동과 시차로 피곤한 몸을 이끌고 자그레브 시장과 광장을 산책하려고 나섰다. 내 손을 잡고 걷는 아들에게는 애써 밝은 모습을 보이려 했지만 여전히 풀리지 않는 병원 업무와 근심거리가 나를 감싸고 있었다. 낯선 땅의 하늘을 바라보며 주께 기도할 수밖에 없었다.

'주여, 이 땅에도 당신은 계시지요? 해결되지 않는 이 어려움 가운데 저는 그저 당신을 찾고 있습니다. 문제에 함몰되지 않고 당신을 바라보며 이 문제에 대한 나의 시선이 바뀌기를 기도합니다. 절대자인 당신께 내 고통과 생각 모두를 내려놓습니다. 저를 긍휼히 여기소서!'

이렇게 기도하며 걷고 있는데 광장 옆 교회를 지나치게 되었다. 성경책 모양의 동상에 크로아티아어로 새겨진 글귀가 있었다.

"Tvoja je riječ svjetiljka nogama mojim, svjetlo na mom putu"

(Psalam 119:105).

크로아티아 자그레브 교회 앞 동판에 새겨진 시편 말씀

다른 말은 전혀 이해할 수 없었으나 'Psalam'이 영어로는 'Psalm' (시편)이라는 생각이 들었다. 시편 119편 105절이라면 이는 혹시 "주의 말씀은 내 발에 등이요 내 길에 빛이니이다"라는 유명한 말씀이 아닐까 하는 생각에 사진을 찍어 번역 앱을 돌려 보니 역시나 내 기억이 맞았다. 처음 밟는 땅을 걷고 있던 자녀에게 주님은 말씀을 보라며 신실하게 응답하신 것이었다.

방금 전 기도와 이에 바로 응답하시는 주님 앞에 나는 전율을 느끼며 떨고 있었다. 손을 잡고 잘 걷던 아빠가 한참을 떨면서 멈춰 있자 아들이 쳐다보며 "아빠, 어디가 아파요?"라고 물었다. 나는 뒤를 돌아 은혜의 눈물을 훔치며 아들에게 대답했다.

"아니, 이 낯선 땅에서 하나님의 말씀을 듣고, 또 네 손을 잡고 있으니 너무 좋아서 그래."

아들은 안심하고는 길 건너편에서 파는 아이스크림이 먹고 싶다며 귀엽게 졸랐다.

"그러자꾸나. 사랑하는 아들아."

부모가 되어 아이를 기르면서 더 깊이 하나님의 마음을 알아 간다. 그리고 나 또한 사랑받고 여전히 양육받고 있는 자녀임을 깨닫고 주께 기대어 안심하곤 한다.

이순신 장군이 식량을 얻은 득량도

계절은 입동을 지나 제법 기온이 쌀쌀하다. 게다가 오전에는 비 예보가 있어 긴장된 새벽길이다. 이번에는 타지로 나가 계시는 정찬석 목사님 대신 든든한 남자 직원인 김철영 방사선사가 동행했다. 나와 개원 때부터 동고동락한 직원으로 가장 신임하는 편안한 동생이기도 하다. 고맙게도 그가 운전을 책임진 덕분에 나는 좀 더 체력적인 부담을 덜고 진료에 집중할 수 있게 되었다.

섬으로 향하는 길을 주께서 축복하셨는지, 비도 오지 않고 쾌적한 가을 날씨와 풍경을 즐기며 고흥 녹동항까지 달렸다. 함께한 직원들 모두 상태가 좋은지, 새벽부터 시작된 수다는 도착할 때까지 멈추지 않았다.

녹동항은 어업의 전진 기지답게 갖은 어선과 익숙한 갈매기 떼가 우리를 반겼다. 이곳에서 반가운 이정환 선교사님과 만나 차를 옮겨 탔다. 이곳에 차를 놔두고 갔다가 향후에 섬에서 여객선을 타고 뭍으로 나와 집으로 향해야 하기 때문에 이곳 녹동항을 먼저 찾은 것이다. 우리의 목적지인 득량도에서 더 가까운 고흥반도의 뭍으로 차로 이동해야 섬으로 들어가는 사선에 올라탈 수 있다.

고흥반도의 좌측 해안을 타고 거꾸로 올라 선착장이 있는 장예 마을에 도착했다. 멀리서 우리를 태우러 오는 사선이 보였다. 득량교회 최봉준 목사님이 선장님과 함께 선착장까지 우리를 마중 나오셨다. 우리 일행과 반갑게 인사를 나누고 남빛 바다를 가르며 아늑한 득량도로 빨려 들어갔다.

득량도는 임진왜란 시절 이순신 장군이 군사들을 먹일 식량을 얻었다고 하여 '득량'이라 불린다. 이곳은 몇 해 전 〈삼시세끼 바다목장편〉에 이서진 등 유명 배우들의 리얼리티 어촌 체험 프로그램의 배경이 되어서 유명세를 탄 바 있다. 덕분에 이곳에 펜션이 지어지고 캠핑장이 개발되는 변화가 있었다. 하지만 지속적인 관광객 유치와 낚시객 확보를 위해서는 관광 자원에 대한 더 적극적인 개발이 필요하다고 전해 듣기도 했다.

섬으로 다가가는 배 너머로 빨간 지붕의 교회가 손을 들어 우리에게 손짓하는 듯하다. 자세히 보니 손이 아니라 교회 십자가 탑이었다. 이 득량교회는 몇 년 전 섬기던 목사님의 은퇴와 교인의 감소로 폐쇄 결정이 내려졌으나 자비량 은퇴 목사를 모집하여 지금의 최봉준 목사님이 부임하시며 예배를 이어 갈 수 있었다고 한다. 지금은 여덟 명 이상의 교인이 참석하는 마을의 소중한 존재로 거듭났다고 하니 감사가 넘치지 않을 수 없다. 그러나 이러한 감사에도 불구하고 섬 교회마다 사역자의 기본적인 사례조차 감당하기 힘든 섬김의 구조에 대해 깊은 기도가 나오지 않을 수 없다.

섬의 인지도와는 달리 드나드는 여객선은 하루에 한 번뿐이다. 여객선 운항 횟수가 바로 그 섬의 경제력과 비례한다는 개념에 근거하면 실제로는 아주 소외된 섬이다. 섬 남북으로 각각 25가구 정도의 두 개의 마을이 있다고 한다. 섬 북쪽에는 선창교회, 남쪽에는 득량교회가 주민들을 섬기고 있다. 작은 섬이지만 섬 북쪽은 일조량도 적고 바람도 많이 불어 섬사람들은 북쪽 마을을 북한, 남쪽 마을을 남한이라 부르며 남쪽을 부러워한다는 우스갯소리도 전해 들었다. 이전에는 학교에 아이들이 300명에 달할 정도로 왁자지껄한 섬이었지만, 젊은 사람들이 뭍으로 많이 나가면서 현재 거주 인구는 많이 줄어든 상태라고 한다.

섬에 도착해 새 단장을 마친 아름다운 교회 마당으로 들어갔다. 추운 날씨임에도 불구하고 갖은 국화와 들꽃이 우리를 반겨 주는 듯했다. 이곳도 마찬가지로 이정환 선교사님과 목사님의 수고 그리고 여러 후원으로 지붕과 내부가 아름답게 수리되어 있었다. 우리의 의료 봉사만큼이나 자립하기 어려운 이 낙도 교회에 대한 관심과 후원이 절실하다. 또한 이정환 선교사님을 통해 각종 재능 기부와 인력으로 교회 단장 및 리모델링 등에 자원한다면 보람찬 봉사의 형태가 될 것이라고 확신한다.

봉사를 시작한다는 정겨운 마을 방송이 울려 퍼지자 동네 어르신들이 삼삼오오 관청 마을 회관으로 모여들었다. 젊은 의료진을 보고 깊이 반겨 주셨다. 초음파를 이용해 상태를 확인하고 치료해 드렸다. 겸손하게 고맙다는 말을 연신 반복하고 진료실을 떠나는 이분들에게서 천국 백성의 화평함을 경험했다.

섬 교회를 방문할 때마다 도회지의 크고 웅장한 교회를 방문할 때보다 깊은 감동이 느껴지는 이유는 간절함이 아닐까 한다. 이 교회가 아니면 대안이 없는 곳, 엄청난 고립감과 이질감을 극복하면서 섬 사람들을 섬기는 사역자들의 헌신적인 태도 앞에 매번 고개를 끄덕이게 된다. 연약함과 부족함 가운데 오히려 더 온전히 임하고 일하시는 역설적인 하나님의 은혜를 긍정하게 된다. 자본주의와 상식으로는 이해할 수 없는 이들의 헌신과 봉사가 세상에 드러나지는 않을지라도, 주의 마음에는 깊이 기억될 것이라고 나는 감히 확신한다.

예수의 사랑에 빚진 것 외에는 그 어떠한 것도 아쉬울 것 없는 자들의 섬김이 이 소외된 섬을 향한 주의 사랑을 증명하는 것은 아닐까? 이 작은 섬과 노인들을 향한 주님의 깊고 섬세한 돌봄과 아낌에 공명하고 반응하는 것이야말로 도시화된 삶을 사는 그리스도인들이 오히려 품어야 할 가난한 마음이 아닐까 싶다.

오늘도 나의 눈과 손은 어르신들을 치료하지만, 동시에 나의 속사람은 주님을 찾으며 기도한다. 섬의 선교는 상당히 긴급하다. 이곳의 노인들은 곧 돌아가시기 때문이다. 도심의 어린 생명을 전

득량도 주민 진찰 장면

도하고 양육하는 것만큼 생을 얼마 남겨 놓지 않은 이들이 주를 만나 구원을 믿고 고백하는 일은 정말 시급하다. 또한 이들은 국가의 복지 망으로는 다 채울 수 없는 도움과 돌봄이 필요하다.

　벌써부터 필수 의료가 무너지고 도농 간 의료 격차가 벌어져 의사 증원을 논의하고 있지만, 그들이 배출되어 나온다 해도 10년이 넘는 세월이 걸린다. 의사의 수보다 효율적인 시스템의 수정이 더 필요하다고 확신한다. 하지만 당장 수년 내에 돌아가실 이 어르신들을 찾아 그들의 필요를 채우고 영혼을 인도하는 일은 과연 누가 해야 하는 것인가? 나 하나의 의사와 의료 팀으로는 턱없이 부족하다. 이렇게 잘 훈련된 여러 팀을 조직해서 여러 소외된 섬을 방문하는 동시적이고 체계적인 봉사와 선교가 필요하다.

봉사가 끝나자 추적추적 겨울비가 내려 마을 탐방이 어렵게 되었다. 하지만 최봉준 목사님의 차량으로 이곳저곳을 돌며 섬을 눈에 담고 돌아왔다.

섬을 걷다가 잠시 이정환 선교사님께 물었다.

"철저한 조력과 섬김을 해야 하는 이정환 선교사님의 사역을 이어서 해 주실 분이 또 있을까 걱정입니다."

그러자 그분은 "그 역시 깊이 기도하고 있습니다"라고 말씀하셨다. 주께서 예비하시는 역사를 신뢰하고 묵묵히 하루하루 일상에서 순종하는 것이 바로 진짜 신앙이라는 사실을 새삼 깨닫는다.

여름 한철 이벤트적인 단기 선교와 봉사에서 한발 더 나아가 연중 균일하고 정기적이며 잘 조직되고 계획된 선교적 접근이 필요하다. 섬에서 해결할 수 없다면 그들을 뭍이나 도시의 꼭 필요한 병원이나 의사와 연결하는 네트워크도 조직해야 한다. 이를 위해서는 기도할 제목이 수도 없이 많다. 하지만 이러한 필요만큼이나 무심하고 반응 없는 도심의 그리스도인들 앞에서 그래도 뚜벅뚜벅 주께서 요청하신 길을 걸으려 한다. 나의 어떠함과 상관없이 그분의 길과 사랑을 신뢰하기에 말이다. 그리 아니하실지라도 주를 찬송한다.

기독 의사 선배님들의 과거 낙도 의료 사역 사진들

30여 년 전, 광주 사랑샘병원 서강석 원장님께서 공중보건의 시절에 '구원호'를 타고 낙도 봉사를 하시던 아날로그 필름 사진을 소개한다.

'구원호'는 대한예수교장로회(통합)에서 섬 의료 선교를 위해 건조한 배이고, 주로 신안군의 섬들을 방문했다. 공중보건의 2인이 근무했다.

공중보건의사였던 서강석 원장이 전도 책자로 주민들에게 복음을 전하는 모습.
놀랍게도 '구원호' 사역에는 진료 전 복음을 전하는 순서가 있었다.

서강석 원장의 '구원호' 공주보건의 시절 교회에서의 진료 모습.
고령의 할머니가 섬 교회 때문에 복음을 들을 수 있었다는 것은 큰 은혜다.

교회에서 어린이들을 진료하는 서강석 원장.
섬에서는 이때까지만 해도 어린이들을 흔히 볼 수 있었다.

이 사진들을 서강석 원장님께 전달 받아 보면서 몇 가지를 깨닫게 되었다. 사진 속 서강석 원장님은 내 인생의 학문과 신앙의 멘토이신데 이러한 역사를 몰랐던 내가 나의 의지와 상관없이 주의 부르심을 통해 낙도를 섬기는 일을 그분을 이어 하고 있다는 점이다.

미신과 가난으로 신음하던 한반도를 향한 수많은 선교사의 헌신과 노력으로 한국은 마침내 복음의 꽃을 피울 수 있었다. 특히 광주 양림동에 터를 둔 제중원의 선교 역사 속에서 광주기독병원이 탄생했다. 나는 바로 이러한 의료 선교사들의 정신을 이어받은 훌륭한 선배님들을 통해 양육되고 성장할 수 있었다. 내 삶을 이

'구원호' 사역에 진료의로 참여하기 위해 당시 미국에서 온 의사 부부

끌어 오신 주의 인도하심에 깊은 찬양과 경배를 올려 드린다. 그
래서 나에게는 이 사진 한 장, 한 장이 진정 큰 의미로 다가온다.

진료실의 눈물

　나에게 여섯 살 때부터 진료를 받은 한 여자아이가 있었다. 부모 역시 아이를 굉장히 사랑하고 아꼈지만 아이는 어렸을 때부터 키도 아주 작은 편이었고, '경골 외측전위'라고 해서 교정하기 아주 힘든 오다리 모양의 다리 변형을 가지고 있었다. 특히 경골 외측전위를 교정하는 다리 보조기는 일반적인 안짱걸음이나 팔자걸음 보조기와는 달리 아이나 부모에게 훨씬 부담이 되며, 기간도 네 배 이상 오래 사용해야 하는 상당히 고통스러운 교정 치료 방법이었다. 하지만 염려와 다르게 부모와 아이는 의사의 안내를 상당히 잘 따르며 교정 치료를 엄청난 인내심으로 감내하고 있었다.

　그러던 어느 날, 아이의 정기 검진 척추 사진에서 엄청난 각도의 척추측만증이 추가로 발견되었다. 부모와 상의 끝에 우리는 깊은 한숨을 쉬면서 척추 보조기까지 적용하게 되었다. 즉, 아이는 자는 동안 다리는 묶이고 척추는 압박당하는, 이중의 보조기를 착용해야 하는 어려운 상황에 놓여 있었다. 물론 의학적으로 꼭 필요한 처방이었다. 하지만 나 스스로도 '과연 이것이 아이에게 꼭 필요한 것인가? 아이를 내가 너무 괴롭게 하는 것은 아닌가?' 하는 자괴감이 들기도 했다.

시간이 흘러 아이가 그 어렵고 고된 시간을 잘 견뎌 주면서 다행히도 다리 교정기를 통해 경골 외측전이가 내측으로 좀 줄어들어 오다리 변형이 상당히 개선되었다. 척추측만 보조기를 착용한 지 1년 반 만에 촬영한 엑스레이 검사에서도 휘었던 허리가 완벽하게, 놀랍게도 거의 일자로 펴져 있었다. 부모와 나는 쾌재를 불렀고, 나는 기쁘다 못해 눈물을 보이기도 했다. 나에게는 정말로 의사로서의 자괴감이 보람으로 바뀌는 순간이었다. 나의 보람을 떠나서 아이의 미래의 삶과 몸이 정말 바르게 호전된 것에 대해 기쁨이 밀려왔다.

이제 아이는 열 살이다. 아이는 아직도 키가 작아 다른 병원에서 성장 호르몬 주사 치료를 막 시작했다고 한다. 하지만 그 시기와 맞물려 이렇게 척추가 펴진 것은 오랜 기간 그 아이를 돌보고 지지해 준 부모와 아이의 노력 덕분이었다.

진료실 문밖을 나서는 아이에게 잠깐 다시 들어오라고 해서 아이를 깊이 꼭 안아 주었다. 아이도 얼마나 기뻤는지 나를 진심으로 꼭 안아 주고는 함께 웃으면서 헤어졌다. 하지만 아이가 나간 후 빈 진료실에서 나는 눈에 고인 눈물을 닦아 내었다.

앞서 언급했던 병원 보건복지부 실사로 인해 여러 가지로 힘들고 고통스러운 나날이었지만, 하나님이 이러한 일들을 통해 나에게 의사로서의 삶에 대한 기쁨과 지향할 점을 알려 주시는 듯하다. 나는 역시 나에게 주신 이 소명을 계속 꾸준히, 성실하게 이루어 갈 거라고 다시 다짐하는 계기가 되었다.

나를 찾아오는 절박한 환우들

몇 달 전, 서울에서 두 커플의 부부가 광주에 있는 탑팀재활의학과를 방문했다. 한 커플은 목과 어깨를 수술하고도 호전되지 않는 익상견갑의 원인과 치료를 위해, 또 다른 커플은 근위부 대퇴골의 엄청난 크기의 석회성건염 비수술 제거술을 위해 방문했다. 익상견갑 환우의 경우 수년간 지속된 난치 질환이라 근전도 검사를 통해 확진과 치료 계획을 세웠다. 이에 따라 신경수압박리술과 전기 자극 치료, 견갑 안정화 운동, 강직에 대한 치료 계획을 세웠다. 장기간의 재활 치료와 신경 재생 치료에 일부 반응은 있었지만, 지나친 강직을 제어하기 위해 보톡스를 시술했다. 환우는 이를 통해 강직과 통증이 줄어 마음껏 잠들 수 있어 행복하다고 말해 치료의인 내게 큰 보람을 주었다.

석회 제거가 필요했던 환우의 경우에는 오히려 손쉽게 해결이 되었다. 여태껏 근본적 통증의 원인인 석회를 제거하려는 시도가 전혀 없었던 듯했다. 그저 약물과 진통 주사 그리고 지속된 충격파로 인해 그 고통이 오히려 점점 심해졌던 듯하다. 20시시(cc)짜리 주사기 열한 개 분량의 석회를 흡인하여 제거했다. 반복된 압력과 긴 시술 시간으로 인해 모든 손가락이 저려 왔지만, 수년간 고생하며 광주까지 찾아온 이들에게 최선을 다하지 않을 수 없었다. 다음 날, 하루를 근처에서 묵고 방문한 이 부부가 참외 한 박스를 사 가지고 와서 몇 개월 만에 밤에 고통 없이 잠들었다며 감사를 전해 왔다. 무료로 치료해 준 것도 아닌데 황송했다. 환자에게 상처를 받기도 하지만, 환자들에게 감사를 얻는 것 또한 의사의 필연인 듯하다.

최근에 유튜브 출연 때문인지 전국에서 찾아오는 환자들을 진료하면서 느끼는 점은, '이런 어려운 질환을 진료하는 특수 클리닉이 각 지역별로 하나씩은 있어야 할 텐데'라는 안타까움이 들기도 한다. 장거리를 오가는 환자들이 너무 안쓰럽고 또 미안하다는 생각이 들기 때문이다. 하지만 큰 고통과 불안 가운데 나를 찾는 환우들에게 제한된 시간 내에 최선의 진료를 하고자 다짐한다. 그들에게 나라는 불완전한 의사에게서 감히 예수님의 무한한 능력과 사랑이 발견되기를 간절히 원한다.

박 원장은 못 말려

　　나는 재활의학과를 진료하지만 총 환자의 20-30퍼센트는 소아 환자다. 갖은 체형과 족부, 보행 장애, 부정렬, 측만증의 아이들이 병원을 찾는다. 소아과 전문의인 아내와 나의 공통점은 퇴근길에 항상 소아 환자 에피소드를 나눈다는 점이다.

　　"오늘 이런 애가 왔는데, 이런 말을 하는 거 있지. 진짜 귀엽지? 또 이런 사정이 있는 아이가 있었는데 얼마나 가엽던지."

　　아이들을 보는 것은 힘들지만 정말 특별하고 행복한 경험이다. 그런데 어이없는 의료 시스템과 수가(酬價) 그리고 부모들의 무례함이 때로는 의사들을 사랑스러운 아이들 진료로부터 도망치고 싶게 한다. 안타깝다. 하지만 나는 버텨 볼 것이다. 내 삶의 기쁨인 아이들 진료를 환경 탓으로 포기하기에 나와 아내는 아직 그래도 젊고 견딜 만하다.

　　병원 대기실에서 아이들이 가지고 놀 블록과 병원놀이 장난감 세트를 주문하며 아내에게 이렇게 말했다.

"난 아이들이 대기실에서 장난감 가지고 노는 모습이 너무 보기 좋아! 내가 어린 시절로 돌아간 것 같아서 그런지 행복해져."

그런 나를 보며 아내는 이런 말을 버릇처럼 또 던졌다.

"당신은 정말 못 말려!"

상처 입은 환우를 만나며

20대 초반의 한 여성이 여기저기 안 좋은 내색을 하며 진료실로 들어왔다. 팔다리부터 척추까지 온몸이 아프다고 한다. 여러 병원에서 '섬유근통 증후군'이다 뭐다 해서 약을 잔뜩 복용하며 치료를 받아 왔지만 증상은 여전하다고 했다. 이 병원에 오기 전까지 열한 군데의 병원을 다녀왔다는 말에 나도 긴장을 하고 진료를 시작했다.

우선 계속 그녀의 말에 집중했다. 유난히 길어지는 진료에 간호사가 들어와 채근을 했지만 나는 아랑곳하지 않았다. 그러던 중 위암으로 위 절제술을 했다는 뜻밖의 이야기를 들었다. 결막을 진찰해 보니 빈혈의 양상이 보였다.

'그렇구나. 위 절제술로 인한 비타민 B12 결핍과 철 결핍성 빈혈이 발생한 것이구나.'

이러한 의심을 가지고 검사를 했더니 실제로 혈액 검사상에 비타민 B12와 철 결핍이 모두 확인되었다. 그녀는 이 검사지를 들고 수술한 대학병원 의사를 다시 찾아갔다. 그러나 집도한 의사는 수술해서 살려 주고 나니 자기를 나무라는 것이냐며 화를 내더란다.

황당했다. 환자의 수술 후 피할 수 없는 부작용도 관리해 주는 것이 의사의 의무가 아니던가? 나는 내과의도 아닌데 비타민과 철분제 복용으로는 혈중 농도를 올리기 힘든 이분을 위해 정맥 주사제까지 동원해 치료해 주었다.

상당 부분 증상이 호전되었지만 관절과 척추의 다발성 통증은 여전했다. 그래서 이번에는 자가면역 질환에 대한 검사를 모두 진행했다. 나는 '류마티스' 혹은 '루푸스 계열'의 질환을 의심했다. 하지만 결과는 '강직성 척추관절염'이었다. 그녀는 결과에 충격을 받고 근처의 대학병원에서 재검을 통해 나의 진단이 맞는다는 것을 다시 한 번 확인했다. 그리고 처방받은 약물 치료로 증상이 좋아졌다며 너무 고맙다고 다시 찾아왔다. 발목이 불안정해 초음파 검사를 해 보니 양측 발목 인대가 손상되어 인대 재생 주사 치료와 발목 강화 운동 치료를 시작하기로 했다.

반복적인 진료 중 어느 순간 환우에게 집중하라는 메시지를 받을 때가 있다. 나는 이에 순종할 때마다 항상 주의 선한 인도하심을 경험한다. 의사는 아픈 자에게 필요하고 그들을 위해 존재한다. 젊은 아가씨가 너무 고맙다며 내 손을 부여잡는데 모든 피로가 풀리는 듯했다. 이렇듯 세상에는 돈으로 살 수 없는 보람과 행복이 있다. 바로 환자의 회복과 감사다.

은혜의 섬, 서넙도

사역 10년을 맞아 2023년 12월부터 가진 이정환 선교사님 부부의 3개월간의 겨울 안식 기간이 지나갔다. 이 선교사님께는 귀한 회복 휴식을 주셨지만 놀랍게도 그 3개월의 시간 동안 하나님은 내게 여러 일을 맡기셨다.

하나는 1월에 버금아트미션의 버금목요콘서트워십에서 낙도 의료 선교에 대해 간증하게 하신 일이다. 망설이다 제안을 받아들여 서울에 있는 세종초등학교까지 방문해 나의 삶과 섬에 대한 에피소드를 나누었다.

또 다른 하나는 2월에 버금아트미션 강내우 대표의 소개로 CBS 〈새롭게 하소서〉라는 간증 프로그램에 출연한 일이다. 또다시 서울 목동의 CBS 스튜디오까지 찾아가 녹화를 했다. 많이 긴장하며 시작했지만 성령님의 도우심으로 차분히 녹화를 마칠 수 있었다.

여러 그리스도인과 주변인들로부터 시청에 대한 피드백을 받았다. 더 겸손히 이 일을 정진하겠다는 다짐을 하던 와중이었다.

〈새롭게 하소서〉는 3월 18일 아침에 방송되었다. 바로 그로부터 3일 후인 3월 21일 목요일 아침을 시작으로 나는 이정환 선교사님과 함께 약속했던 낙도행전의 2막을 다시 주님 앞에 올려 드렸다.

꽃샘추위가 아직 물러가지 않은 3월의 아침. 자원 봉사를 자청한 서덕주 선생님과 간호사 두 명과 해남 땅끝항으로 향했다. 미리 준비한 김밥과 커피로 배를 채우고 수다 삼매경에 빠져들었다. 사랑하는 직원들과 떠들다 보니 벌써 땅끝항 너머로 바다가 넘실거린다. 이곳 땅끝항에서 이 시대의 사마리아 지역인 완도 낙도로 들어가고자 한다.

약 한 시간 동안 여객선을 타고 넙도에 도착한 후 다시 15분 정도 더 여객선을 타고 비교적 큰 섬인 보길도 서편에 놓인 서넙도에 도착했다. 배를 두 번 타고 들어가야 하는 서넙도는 뭍으로 향하는 일정이 두 배로 제한을 받게 된다. 그래도 다행히 이 섬에는 전복과 김 양식 등에 뛰어든 젊은이들이 주민으로 많이 늘어나서 아이들 소리도 제법 들리는, 평균 연령이 젊은 섬에 속한다고 한다.

이곳 서넙도교회를 섬기는 박송덕 목사님의 환대를 받으며 마을로 들어갔다. 도착하자마자 교회 집사님의 가정에서 준비해 주신 서넙도 가정식을 점심으로 맛볼 수 있었다. 신선한 해초와 나물, 김치와 각종 생선과 전복 그리고 쩍국까지 섬이 아니면 맛볼 수 없는 산해진미로 가득했다. 정성과 따뜻한 환대가 담긴 식사 후 서넙도교회를 방문했다.

원래는 불과 서너 명이 들어갈 만한 기와지붕 밑의 기존 교회를 먼저 만날 수 있었다. 그리고 바로 옆에 박송덕 목사님이 부임하며 늘어난 성도를 감당하기 위해 증축한 건물이 눈에 들어왔다. 온갖 노력으로 이제는 십여 명을 수용할 수 있는 규모 있는 공간의 교회가 자리하고 있었다. 성탄절이나 교회 행사 때는 앉을 자리가 없어 성도들이 교회 문밖에까지 서서 예배를 드린다고 행복해하며 말씀하시니 말만 들어도 배부른 일이다.

박송덕 목사님은 군 시절 폐결핵으로 크게 고생하셨다고 한다. 당시 군병원에서 치료받으며 신앙이 깊이 자리했다고 하는데, 놀랍게도 이분을 군병원에서 돌보고 세례를 준 당시 군목이었던 목사님이 바로 내가 지금 출석하는 광주동명교회의 담임인 이상복 목사님임을 알게 되었다. 이렇게 놀라운 인연이 있을 수 있다는 사실에 다시 주의 인도하심을 목도한다.

박송덕 목사님은 목사로 부름 받아 중국에서 목회를 하다가 안타깝게도 추방 조치를 당해 한국으로 돌아오셨다고 한다. 바로 옆의 섬인 넙도에서 사역하시는 남궁윤 목사님과의 인연과 소개로 이 서넙도에 정착하셨다고 한다. 유치원 교사인 사모님은 마을 아이들 돌보는 일을 파트타임으로 하시고 목사님은 목회에 집중하며 적절한 안정감을 유지해 가는 모습이 참 다행으로 여겨졌다. 크게 웃으시는 선한 두 분의 표정과 행복감이 지금까지도 선명하다.

서넙도교회는 마치 해변에 위치한 카페 같다. 따뜻한 섬 햇살과 푸르른 바다를 배경으로 향이 그윽한 커피를 대접받았다. 보통 의료 봉사를 오면 섬 주민들 돌보기에 바쁜데 오늘은 시간 준비와 분배가 잘되어 이러한 선물 같은 여유로운 시간도 가져 본다. 이제 마을 회관으로 향해 이곳 주민들의 환부를 어루만질 시간이다.

마을 회관에서는 주로 허리와 무릎이 아픈 노년의 섬 주민을 스무 분 넘게 진료했다. 아픈 부위를 초음파로 정확히 확인하고 주사 치료 등을 그 자리에서 시행해 드리니 주민들도 만족해하는 내색이었다. 항상 의료 봉사 전 우리는 원칙처럼 완도의료원에 사전 신청과 허가를 얻어 섬 의료 봉사를 시행하고 있다. 내키는 대로 섬을 방문하는 것이 아니라, 미리 마을 주민과 교회 그리고 의료 당국의 모든 사전 조율을 거치고 방문한다. 그래서 완도의료원에서 보건 지소장으로 계신 간호사 출신의 소장님께 공문으로 협조 요청까지 해 주었다고 한다.

아쉬웠던 점은 방문한 날 날씨가 너무 좋고 파도가 잔잔해서 젊은이들이 모두 바닷일을 나가 진료에 많이 참여하지 못한 점이다. 나이가 젊다고 하여 아프지 않은 것은 아니다. 오히려 바다 양식은 고되고 힘이 많이 드는 일을 반복하기에 청년이라도 버티지 못하고 근골격계에 문제가 생기기 일쑤라고 한다. 다행히 진료 말미에 몇몇 젊은 사람을 돌볼 수 있었다.

이제 돌아가는 여객선으로 향할까 하던 찰나에 박송덕 목사님께 급한 전화가 한 통 들어왔다. 환갑인 박 목사님보다 한 살 형님이신 분인데 등과 겨드랑이 부위가 갑자기 많이 아파서 숨 쉬기도 힘들고 고통스럽다고 하셨다. 직접 통화해서 자초지종을 들었다. 이분은 근 위축이 상당히 진행된 루게릭병 환우였다. 이 병은 중추신경인 뇌와 척수 부위에서 근육의 운동 명령을 내리는 운동신경원의 문제로 온몸의 근육이 점점 말라 가는 진행성 질환이다. 현재로서는 치료 방법이 없어 증상에 대한 치료만 할 수 있는 안타까운 질환이다.

전화를 받는 순간 하나님께서 긍휼의 마음을 주셔서 트럭을 타고 박송덕 목사님과 이정환 선교사님과 간호사를 대동하고 그 집으로 왕진을 떠났다. 바닷가 앞에 위치한 아담한 집에는 방금 진료를 받고 가신 아주머니의 남편 분이 소파에 간신히 몸을 기대고 앉아 계셨다. 진행성 근 위축의 양상으로 온몸이 삐쩍 말라 버린 그분을 진찰하는데 깊은 탄식이 나왔다. 뼈가 앙상히 드러난 그분의 몸통을 만져 가며 얼마 남지 않은 갈비뼈 사이의 근육과 신경을 찾아냈다. 기도하는 마음으로 늑간 신경차단술을 무리가 되지 않을 범위 내에서 주사로 시행했다. 주사만으로는 안심이 되지 않아 이정환 선교사님께 기도를 부탁했다.

박송덕 목사님께 들으니 이분은 섬에서 대학까지 졸업하신 분으로 나름의 주관이 강한 식자층이라고 한다. 고집도 대단해서 박목사님이 섬에 오신 3-4년간은 말조차 안 섞어 주셨다고 한다. 그

러나 박 목사님의 정성 어린 노력과 쇠약해져 가는 육신 때문인지 목사님께 곁을 내 주고는 이제는 깊은 친구 관계가 되셨다고 한다. 루게릭 환우를 치료하고 재활해 본 의사로서 이분의 삶과 스토리가 무겁게 다가왔다. 사지가 마비되고 호흡마저 힘들어지는 육체에 갇혀서 온전한 정신으로 살아간다는 것이 얼마나 무섭고 힘든 일인지 잘 이해하기 때문이다. 이분은 가족들에게 소변 처리를 부탁하는 것이 미안해 물조차 잘 안 마신다고 하니 꽁꽁 묶인 듯한 육체의 고통이 얼마나 클지 가늠하기도 어렵다. 곧 호흡마저 힘들어 인공 호흡기에 의지하다 숨을 거두게 될 것을 명확히 알고 있는 의사로서 주께 자비를 구하는 기도 외에는 아무것도 해 드릴 것이 없었다.

'주여, 이분이 얼마 남지 않은 생애에 그리스도를 주로 시인하고 천국에서 당신과 함께 영원한 안식을 누리는 기적을 허락하소서. 저희의 두 손을 모아 간절히 기도합니다.'

우리는 모두 이분을 붙잡고 주께 간절히 기도했다. 그와 그의 집이 그리스도를 시인하고 믿는 영광이 임하기를 간절히 바란다.

돌아왔는데 출석 교회인 광주동명교회의 이상복 담임목사님께서 뜻하지 않은 사진과 메시지를 보내셨다. 인연이 있던 박송덕 목사님이 이상복 목사님께 우리 팀이 다녀간 사진과 감사를 전한 모양이다. 이상복 목사님께서는 이 사실을 진정으로 기뻐하며 감사의 인사를 전하셨다. 주의 사랑에 빚진 자로서 나는 내가 할 수 있는 작은 일을 실천할 뿐이다.

더 감사한 것은, 주사를 놔 드린 그 루게릭 환우분이 우리가 다녀간 후 통증이 많이 사라졌다며 너무 감사하다고 전하더라는 것이다. 나는 의사로서의 행복감도 잠시, 다시 하나님께 기도했다. '주님, 그분과 그 가정을 꼭 붙들어 주셔서 박송덕 목사님을 통해 전 가정이 세례를 받고 주를 고백하는 역사가 있게 해 주소서'라고 말이다.

항구로 돌아가는 길에 분교에서 뛰노는 아이들을 만났다. 섬에서 아이들의 목소리를 듣는 것이 얼마나 반갑고 행복한 일인지 모른다. 아이들에게 우리가 왜 섬에 왔으며 무슨 일을 하고 가는지를 설명했다. 한 아이가 자기도 의사가 되어서 나처럼 봉사하고 싶다고 했다. 감사했다. 그러면서 다시 기도가 나왔다.

'주여, 이 섬의 열 명의 아이들을 기억하소서. 이들이 학교 바로 옆 주일학교를 통해 그리스도의 사랑과 소망 가운데 빛나는 주의 청년으로 성장하게 도와주소서.'

만나는 주민마다 그들을 축복하는 마음을 성령님이 주시는 듯하다. 낙도 선교에 동행하여 친히 주인 되시는 하나님의 마음과 공명하는 황홀한 순간이 계속되었다.

떠나는 우리는 넙도로 향하는 여객선을 기다리며 바다를 배경으로 추억에 남길 사진들을 촬영했다. 박송덕 목사님은 귀한 민어를 선물로 내주셨다. 집에서 구워 먹었는데 그 맛이 담백하고 훌륭하기 그지없었다.

우리는 서넙도에서 바로 육지로 가는 배가 없어 옆 섬인 넙도로 향했다. 넙도 동쪽에는 북쪽으로 노화도 그리고 바로 남쪽으로 보길도가 있다. 이전에는 노화도로 향하던 배가 항상 넙도를 더불어 들렀기에 육지에서 넙도를 드나드는 배가 30분 간격으로 있어 참 편리했다고 한다. 하지만 노화도와 보길도를 잇는 연육교가 생기며 한 경제권으로 묶여 넙도는 소외되고 말았다. 현재는 여객선이 하루에 세 번만 다니는, 접근도가 떨어지는 섬이 되었다. 그래서 넙도 주민들은 바다 건너 보이는 예쁜 연육교를 '원수 다리'라고 한다는 우스갯소리도 들을 수 있었다.

나는 2022년 6월에 이미 넙도를 방문해 넙도교회 남궁윤 목사님을 통해 마을 주민 수십 명을 돌본 바가 있다. 당시 CTS 목포지사의 장동현 지사장님과 신미정 PD가 동행하여 의료 선교 현장을 취재하기도 했다. 특히 췌장암 판정을 받고도 항암 치료를 통해 완치되어 여전히 열정적으로 목회하시는 남궁윤 목사님의 모습을 지켜보며 깊이 은혜를 받은 바 있다.

벌써 2년여의 세월이 흘렀고, 췌장암의 예후가 좋지 않다는 점을 아는 의사로서 깊이 염려하고 있던 차였다. 항구에서 우리를 마중 나온 남궁윤 목사님은 여전히 건강한 모습이셨다. 한 시간여 남은 육지행 여객선을 기다리며 넙도교회에서 사모님과 같이 잠시 교제를 나눌 기회를 얻었다.

남궁윤 목사님은 항암의 원발 췌장암 부위 완치 판정을 통해 추적 관찰 중 다시 전이가 되어 추가 항암 치료를 받으셨다고 한다. 일반적인 암 전이의 경우 상태가 악화되는 확률이 높음에도 불구하고 다시 전이 부위가 치료되는 기적을 누리셨다고 한다. 그 이후 추적 관찰 중 다시 췌장 부위에 재발이 있어 또다시 그 고통스러운 항암 치료를 수십 차례나 추가로 시행하셨다고 한다. 보통은 항암 치료에 암세포가 내성을 보여 치료가 어려운 경우가 많음에도 불구하고 이번에도 주의 은혜로 췌장 부위의 암세포가 사라졌다는 판정을 받으셨다고 한다.

쉽게 믿기 힘든 이러한 치유의 결과에 진료의가 남궁윤 목사님께 비결이 뭐냐고 묻기까지 했다고 한다. "그리스도를 향한 소망과 믿음 외에 내게 무엇이 있겠어요?"라고 대답했더니 의사가 고개를 갸우뚱하며 이렇게 말했다고 한다.

"다른 분들도 하나님 믿고 기도하는데 이런 경우는 정말 희귀해서요."

의사로서 나도 충분히 그 진료의의 말에 공감한다. 암을 극복해 가는 목사님의 삶을 통해 이 섬의 주민들에게 아직 증명하시고자 하는 주의 복음과 십자가가 바로 그 이유가 아닐까 한다.

허기가 진 우리 팀에게 토스트로 간식을 준비해 내오시는 사모님의 얼굴에서 광채가 난다. 암 환자인 남편을 돌보는 아내의 얼굴이 결코 아니다. 너무나 온화하고 밝은 두 부부에게서 오히려 방문한 우리가 위로와 힘을 얻었다.

왜 이들에게 어려움이 없겠는가? 50차례가 넘는 항암과 치료비로 재산이 탕진되어 감에도 불구하고 이들에게는 친히 돌보시는 주를 향한 믿음과 신뢰가 가득했다. 의학적 상식으로는 이해되지 않는 이들의 삶과 태도 앞에서 나는 이들에게 임하신 성령님의 임재를 발견했다.

이정환 선교사님을 통해 이들을 다시 축복하고 난 뒤 나는 이들을 도우라는 주님의 속삭임을 감지했다. 목사님의 치료비를 보태 드리고자 했더니 한참을 사양하고는 눈물지으며 내 손을 잡고 하나님께 간절히 기도하셨다. 어찌 지폐 몇 장으로 이분께 위로가 되겠는가 싶었지만, 나 같은 작은 자를 넙도에 짧게나마 방문하게 하여 마음을 움직이시는 성령님의 역사와 능력 앞에 나 또한 깊은 감동에 젖었다.

낙도는 나에게 주를 만나는 천국의 경험이다. 일상에서는 만날 수 없는 하나님의 사람들 그리고 주의 기적의 역사를 목도하는 마당이다. 이토록 섬에 가득한 성령님의 향기가 내게는 가득 느껴진다.

"주여, 저를 이 섬을 축복하는 당신의 통로로 사용해 주소서."

힘들어도 계속 걷는 이유

유튜브에 자주 출연한 덕분인지, 요즘 따라 나를 찾아와 유명한 분을 만나서 좋다는 이야기를 하는 환우들이 꽤 늘었다. 그러면 나는 "그건 중요한 것이 아닙니다. 제가 환우분께 얼마나 최선을 다하고 도움이 되느냐가 중요하지요"라고 진심으로 그리고 기계적으로 답한다. 정말 그렇다. 일상의 삶에서 탈진할 정도로 나를 찾은 환우들에게 최선을 다하는 것이 진정한 예배라고 생각한다.

또 내게 이익이 되는 못되고 솔깃한 제안을 하는 환우들에게는 "아니요. 저는 손해를 봐도 그렇게는 안 하겠습니다"라고 자동 응답기처럼 거절하는 나를 통해 직원들이 똑같이 응대하는 것을 볼 때 행복을 느낀다. 나는 친절하지만 당당하자고 한다. '진상'스러운 환우가 오면 나는 굴하지 않고 직원들 편을 든다. 그럴 때마다 직원들이 힘을 얻고, 더 열심히 일하고 더 친절해지며 자기 직장에 자긍심을 갖는 것을 본다.

혹자는 유명해지기 위해, 돈을 벌기 위해 유튜브를 지속한다고 생각하는 듯하다. 그것도 하루 이틀이지, 돈도 안 되는 일을 5년 이상 지속해 온 것을 어찌 설명할 수 있을까? 유튜브는 또 다른 나의 선교의 현장이다. 공익적 내용과 고통 속에 답을 찾는 분들을 위한 위로의 손짓과 구체적 해결 방안을 제시하는 플랫폼이다. 혹 이를 통해 실낱같은 희망과 회복을 얻는다면 그것으로 족하다. 그래서 내 진료 노하우가 비밀이 아닌 상식이 되기를 바라는 마음으로 임하는 것이다. 그 진심과 정성이 전해지기를 나는 매번 도전하고 있다.

가치적인 일보다는 가시적인 일이 지지받는 세상이지만, 나는 가치와 정성 그리고 정직의 힘을 믿는다. 마지막으로 꾸준함이야말로 앞서 언급한 가치들을 완성하는 원동력이라고 생각한다. 매일 지치고 힘들지만 가끔 뒤돌아보며 많이 걸어왔음을 확인하는 것처럼, 걸어가는 그 순간은 늘 버겁고 고통스럽다. 하지만 내게 어깨동무하고 함께 걷는 예수의 피 묻은 발을 내려다보며 감격할 뿐이다.

르네상스 시대에 회화와 조각의 3대 천재 예술가였던 미켈란젤로(Michelangelo Buonarroti)는 〈피에타〉(pietà)라는 유명한 바티칸 조각상을 만들었다. 하지만 미켈란젤로가 조각한 〈피에타〉는 총 세 작품이다. 그리고 마지막 〈피에타〉는 자신의 무덤을 장식하기 위해 만들다가 미완성으로 두고 세상을 떠나게 된다. 죽는 순간까지 자신의 일에 최선을 다하는 그의 소명 의식을 본받고 싶다. 마지막 그의 작품을 이탈리아 피렌체 두오모 앞의 미술관에서 만난 적이 있다. 투박하지만 탁월한 그의 예술혼 앞에 깊이 감동되어 그 자리에 앉아 조각상을 스케치해 온 바 있다. 나도 그처럼 주를 만나는 그 순간까지 묵묵히 걸어가리라고 감히 다짐해 본다.

미켈란젤로의 세 번째이자
미완성 유작인 <피에타>